别让
不会说话害你一生

孙红颖／编著

海潮出版社
Haichao Press

图书在版编目（CIP）数据

别让不会说话害你一生 / 孙红颖编著 -- 北京：海潮出版社，2016.4（2017.7重印）

ISBN 978-7-5157-0898-0

Ⅰ．①别… Ⅱ．①孙… Ⅲ．①语言艺术—通俗读物 Ⅳ．①H019-49

中国版本图书馆CIP数据核字（2016）第053712号

书　　名：别让不会说话害你一生

作　　者：孙红颖
责任编辑：杜　洋
封面设计：荆棘设计
出版发行：海潮出版社
社　　址：北京市西三环中路19号
邮政编码：100841
电　　话：（010）66969738（发行）66969736（编辑）66969746（邮购）
经　　销：全国新华书店
印刷装订：三河市兴国印务有限公司
开　　本：170mm×240mm　1/16
印　　张：19
字　　数：236千字
版　　次：2016年4月第1版
印　　次：2017年7月第2次印刷
ISBN 978-7-5157-0898-0
定　　价：36.80元

（如有印刷、装订错误，请寄本社发行部调换）

前言
preface

说话，是人类交际中重要而不可或缺的工具。在竞争日益激烈的今天，在这个人与人之间交往与合作越来越频繁的时代，说话成了人们日常生活的一个重要组成部分，并以其独特魅力和无穷力量，发挥着举足轻重的作用。

卡耐基说："好口才是社交的需要，是事业的需要，是生存的需要。它不仅是一门学问，还是你赢得事业成功、常变常新的资本。"这清楚地告诉我们，说话是人生的第一本领。

凡是需要与人打交道的地方，都离不开语言的交流。而会不会说话，直接关系到交流的效果。简言之，就是直接关系到事情可否达成，目的是否达到。

回想一下，为什么有些人在公司里总是被同事孤立，人缘不好？为什么有些人脚踏实地，工作卖力，仍然得不到升迁和加薪？为什么有些人对心中深爱的人千方百计地讨好，对方仍是毫无留恋地离开？人生中这些看似难以避免的挫折和难以解答的问题，或者看似老天不公的对待，其实很多答案都隐藏在说话方式中。

席勒在《随笔》中说："思考是我无限的国度，言语是我有翅的道具。"能否用好这个语言的道具，的确对人生的关系极大。所以，要想把握好自己的人生，就一定要懂得说话的艺术。

总之，一个不会说话的人，即使滔滔不绝也不能给人留下深刻印象，甚至让人心生厌恶，不仅融入不了良好的氛围中，突破不了人际关系的障碍，还会人生碰壁，处处受阻；而一个会说话的人，不经意间的几句话却能让人拍案叫绝，如沐春风，这无疑能震撼人的心灵，操纵人的情绪，成为人生成功与顺畅的助推器。

本书围绕说话艺术精心阐述，没有过于深奥的学术理论，没有华而不实的噱头，有的只是说话过程中方法与方式的运用，可谓是一本完备的语言技巧指南。相信本书能让你更好地掌握说话的技巧与智慧，从而成为一个社交达人，使人生之路变得绚丽多姿。

别让不会说话害你一生

成功与失败 ⎫
人际关系的亲疏 ⎭ 决定性因素  你是否会说话

关键原因 ⎰ 前者——懂得运用说话的艺术
　　　　 ⎱ 后者——不懂得说话的技巧

语言 ⇔ 心灵

心理学家会通过语言来破解人们的心灵密码。如果我们懂得口才的艺术,掌握说话的方式,这样你就会成为说话的"策略高手",也可以形成一套自己的"说话风格"!

成功者曾这样总结:"能说会道是成功的重要因素";

失败者则这样归纳:"不会说话真害人一生"。

注意:在不同场合下,人们不同的心理需要。

目 录

上 篇
不会说话，让你事倍功半

第一章
说话抓不住重点，说再多也没有用

寻找对方感兴趣的话题，而不是泛泛而谈 / 4
说话的重点不在于说什么，而在于怎么说 / 8
运用"冷读术"把话说到对方心窝里 / 12
语无伦次的表达，既费舌劳唇又给自己减分 / 16

第二章
不懂察言观色说得再好也难入人心

做有风度的倾听者，不做"饶舌客" / 22
适时沉默，让对方主动追逐你的思绪 / 26
用"心"说话，才能一语中的 / 30

第三章
做不好"面子文化"，注定没有好人缘

欲速则不达，语速太快难留好印象 / 36
表情不到位，滔滔不绝都是废话 / 39
学会变通，一本正经也要分场合 / 42

第四章
夸人夸不到点子上，等于搬着石头砸自己的脚

想让对方做什么，不妨在这一方面夸奖他 / 48
不留痕迹的夸奖既让人舒服又吸引对方主动接近 / 51
赞美的话要具体，一概而论只会让人觉得在敷衍 / 56
过分赞美会给人"拍马屁"之嫌 / 60

第五章
拒绝太直接，既伤面子又伤里子

直接拒绝对方的要求，伤人又害己 / 66

绕个圈子拒绝，给对方留足面子 / 69
直接说"不"，是不成熟的表现 / 74

第六章
管不住自己的嘴，无疑是自讨没趣

想到什么就说什么，小心飞来"口"祸 / 80
不该说的别说，该说的最好也不要说 / 83
管好自己的嘴巴，让传言止于自己 / 86
想说却还没说的，千万不要再说 / 90

第七章
说话太直率，别人都把你当炮灰

出言无忌，是愚人行径 / 96
得理不饶人，只会害了自己 / 99
夸你"直率"的人其实别有用心 / 104

第八章
不敢发言，老板就无法看到你

只说实话，你一辈子都是职场菜鸟 / 110
不善于表达，老板永远看不到你 / 113
曲径通幽，有意见要绕着说 / 116
适时做"恶人"，这就是教你"诈" / 120

第九章
害怕与陌生人搭讪，就无法将自己推销出去

"闷葫芦"在社交场中只会寸步难行 / 126
记不住对方的名字，一切都是空谈 / 129
套近乎不讲分寸，好比给蛇画上腿脚 / 133

第十章
回到家里，不要想说什么就说什么

把工作中的情绪带回家，等于埋了一颗定时炸弹 / 138
把谎言说得像真的，婚姻需要"骗"出来的幸福 / 141
甜言蜜语，只说给家人听 / 146
有些秘密永远都不能说 / 149

下 篇
会说话，让你事半功倍

第十一章
转换心锚，做得好也要说得好

到什么山头唱什么歌，说话必须看场合 / 156
猜透对方心思，靠"同理心"投其所好 / 159
揭人不揭短，不在别人伤口上撒盐 / 163

第十二章
乘风破浪，说得好更要说得巧

通达权变，说话要婉转曲折 / 168
巧戴高帽，帽子要戴到别人头上才有效 / 171
有些花言巧语必须说给对方听 / 174

第十三章
妙语如花，说对话才能办对事

话不必说多，全说在点子上才是硬道理 / 180
表现出自己的"利用价值"获得别人好感 / 184
做事讲究天时地利，说话要看对象和时机 / 188
请人帮忙，不妨推心置腹 / 191

第十四章
情深出良言，良言一句三冬暖

将心比心，才能得人心 / 196
实话实说，有实意结果方能满意 / 200
让对方感动，是拉近关系的必胜法宝 / 203

第十五章
点到为止，批评不用重锤敲

金字塔原理：先谈结果，再谈原因 / 208
含蓄提出自己的建议，让批评变得悦耳 / 212
给批评裹上"糖衣"，就是给彼此互留面子 / 215

想要对方接受批评不妨先承认自己的不足 / 219

第十六章
赢得认同，机智的回答让你绝处逢生

妙语解尴尬，提升自身魅力 / 224
表达自己的想法时要站在对方的立场 / 227
遭遇"话题陷阱"，依靠冷静应对自如 / 231
四两拨千斤，以调侃自己来解除矛盾 / 235

第十七章
先说服自己，才能说服别人

对方喜欢听什么就说什么 / 240
激将法往往更容易达到目的 / 243
以子之矛攻子之盾，用对方的观点说服对方 / 247
说些软话，方能得偿所愿 / 251

第十八章
识高则量大，用宽慰的言辞化解危机

人前不失言，就是在给自己留有余地 / 256
谅解对方的失误，既不输面子又不输和气 / 259
面对别人的奚落，不争当下一口气只争以后的人气 / 262
自嘲不是自我否定，而是大智若愚的表现 / 266

第十九章
言谈幽默，生活从此不寂寞

幽默是生活中的调味剂 / 272
把握好开玩笑的尺度，避免不必要的摩擦 / 275
开怀一笑十年少 / 279

第二十章
锐意进取，把话说好多练习

烧香看神，说话看人 / 284
对于不同性格的人要说不同的话 / 288
熟人讲话更要讲究分寸 / 291

参考书目 / 295

上 篇

不会说话，让你事倍功半

美国著名演说家戴普说过："世界上再没有比令人心悦诚服的交谈能力更能迅速获得成功与别人的钦佩了。"一个人，你可以不说话，但不能不会说话。不会说话，让你做事寸步难行，举步维艰，无法争取到本该属于你的利益；工作中不会说话，就会失去客户，升职加薪更是免谈；生活中不会说话，只能到处沾染是非，无法顺心如意。不会说话，就如同一个人有一张好看的脸，审美却不是很好一样。不会描眉抹唇，不会搭配衣服，再美的脸蛋儿，总觉得缺乏靓丽。

第一章

说话抓不住重点，说再多也没有用

《仪礼·聘礼》中有言："辞多则史，少则不达，辞苟足以达义之至也。"又有宋代惠洪写作的《高安城隍庙记》中说："盖五百年而书功烈者，辞不达意，余尝叹息之。"这说明，词不达意，抓不住重点，说再多也是毫无用处。说话没有中心，模棱两可，别人非但不感兴趣，还有可能产生误解或歧义，引发矛盾，事倍功半。因此，要想事半功倍，首先要说话抓住重点。

寻找对方感兴趣的话题，而不是泛泛而谈

 开篇叙话

纵横家之鼻祖鬼谷子对于说话技巧，有如下总结："与聪明的人讲话，要见识广博；与见识广博的人讲话，要有辨别分析的能力；与善于辩解的人讲话，要简明扼要；假如别人不愿意去做的事情，就不要勉强他去做；假如对方喜欢某些东西，就要模仿并且顺从他；假如对方讨厌某些东西，就要避而不谈。如果以上几点你都做到了，那么你就算是掌握了说话的技巧。"

这就要求我们在说话的时候，要注意说话的对象，根据对象的不同，谈论适当而恰切的话题。每个人的兴趣和爱好各不相同，关注点也就不尽相同。只有抓住对方感兴趣的话题，对话才有意义。"泛泛而谈"带来的结果只能是"泛泛而交"。

若在日常生活中善于观察，不难发现，女人之间很容易因为某系列的化妆品、某牌子的衣服、甚至是婆媳关系的话题，成为好朋友、好闺蜜；而男人则是因为一场球赛、一款游戏、一部电子产品，开始称兄道弟。这些现象很有意思，人与人之间并不会只从私人角度产生情感，相反每个人身上都有一些足够吸引与其有同等因素的关注点，当你发现了这些关注点，在与人交谈时提出合适的话题将会轻而易举。

职场中，面对同事和领导，没话题可聊，说的话题也无人感兴趣，只能让人觉得无趣，难以在职场中纵横捭阖。生活中，在别人的

闲谈当中，你总是格格不入，插不进话题，很难交结朋友，因为"话不投机半句多"。所以，我们要学会拥有杂谈的能力，即找到对方感兴趣的话题，说对方感兴趣的事。

情景再现

方名是一家广告公司的销售人员，有一次，他去拜访一位某公司的经理。这是一个大客户，此次见面，将决定一项和公司生死攸关相连的合作项目。方名听说，另一家广告公司也在和他们竞争。

见面之后，方名先对自己公司的优势做了大体上的解说，让经理有所了解。但是，方名从他的表情上不难看出，他似乎对自己所说的内容并没有多大兴趣。甚至偷偷打了好几个呵欠。

就在这时，方名注意到经理背后的书架上摆着好几本不同版本的《论语》方面的书，还有名家对论语解说。再看这位经理的桌上，也摆着一本夹着书签的论语。于是方名灵机一动，找到了突破口。

方名说："经理是不是对中国的古典文化非常感兴趣，尤其是《论语》，在这方面，您应该有很高的见解吧？"

原本昏昏欲睡的经理，听到方名开口谈《论语》，顿时眼睛都睁大了，没有了困意，直点头说："对《论语》，我是非常感兴趣。中国的老祖宗实在是太有智慧了。就算是今天，这些道理拿来运用和学习，也实在是好用。"

方名也顺势说："是的，我看过百家讲坛中于丹讲解的《论语》，也特别感兴趣，可惜看得不多，有时间，还希望和您请教请教，还请您不吝赐教。"

从表情上就可看出经理十分高兴，仿佛遇到知己。于是两人约定下次一起喝酒，到时好好谈谈《论语》。当日，这位经理就和方名签下了合作合同。

义理解析

有时候,我们在谈业务的时候,对方不感兴趣,我们为了能够谈成业务,只能够拉拢关系。拉拢好了关系,打打人情牌,也许事儿就成了,而不是非要公事公办,认一个死理。

方名就很聪明,当谈判到了"山穷水尽"的时候,能够从经理感兴趣的《论语》做突破口下手,让经理有了交谈的欲望。这种欲望会让他重新审视眼前的方名,也会重视方名的来意。这样,方名在经理的印象里,就不再单纯是一家广告公司的业务员,而是有了一个具体的形象,一个也对《论语》感兴趣的人,一个和自己有相同兴趣爱好的人,一个可以聊共同爱好话题的人。所以,更加具象的方名就很容易和经理做成朋友,再靠"感情牌",赢得项目合作的合同。

生活中,我们很多时候都可以从对方感兴趣的话题去入手,不仅仅是在职场谈判中。有时,我们新到一个环境,急需要建立起一个关系网,让我们不至于太孤单,这时就可以好好观察一下身边的人对什么感兴趣,然后以兴趣为切入口,和别人展开交谈。我想,任何人都不会拒绝一个和自己喜好相同,或者对自己的喜好表现出兴趣的人。这样,想要融入一个集体,想要融入一个圈子,就会简单易行。

相反,我们若是不会从他人的兴趣点下手,那么谈论的话题也难以深入人心,谈话也将成为浪费时间的无聊举动,往往你说你的,我说我的,无法谈拢,互不相干。如果我们不去发现和关注别人的兴趣,只想让别人关注自己,让别人对我们感兴趣,那么我们可能就永远也不会有真挚的朋友,并且这也是自私的一种表现。对他人漠不关心的人,怎么可能得到大家的喜爱和帮助呢?这样的人,做事往往困难重重,孤立无援。

所以,我们要学会更多的去关注和挖掘别人的兴趣,抛开泛泛而谈,这样不仅会使聊天的气氛热烈许多,增加愉悦感,也会使你渐渐成为社交场上最受欢迎的人。

> **出谋划策**

心理学家卡耐基说:"如果想要交朋友,并成为受人欢迎的说话高手的话,就要用热情和生机去应对别人。"所谓热情,就是关注别人的兴趣点,并表现出你的兴趣。

一、群聊时,寻找大家一起能够共同聊天的话题

人与人之间的相处是微妙的,大多时候两个人或一群人聚在一起并非是为了要解决什么难题,而是在为情感找一个发泄口,通过彼此间的沟通寻求情感上的慰藉。而当我们与人交谈时,有时候选的话题无法照顾到在场的所有人,于是就会导致冷场,或者几个人谈得热火朝天,剩下一个人孤身坐在一边,手足无措,尴尬至极。当然,这是人多的谈话,两个人交谈时若所选话题不当,就会相对无言,低气压的气氛只能使彼此怅然若失,局促不安。由此可见,我们在与人交谈时想要彼此都能够畅所欲言,谈得其乐融融,发现双方的共鸣点、选择共同感兴趣的话题是至关重要的。

二、谈话中,不要侃侃而谈只谈"我"

每个人都多多少少地活在自己的世界里。聊天时,每个人都想多聊聊自己,想多发表一下自己的感想和看法,这几乎是一种通病。但是,这也是聊天中的大忌。除非是对方对你的某一方面比较感兴趣,问询你时,你才可以就这一方面侃侃而谈。否则,在别人没有兴趣知晓的情况下,你不停的"我"怎样怎样,只会让人想打瞌睡,又不好意思打断你。所以,想要侃侃而谈你自己,就先要考虑到对方是否对

这一话题感兴趣。

三、不要虚假的表现出你对别人的爱好感兴趣

有时，我们为了迎合他人，奉承上司，会假装表现出对对方的爱好感兴趣。然而，我们忘记了一点，真诚才是所有谈话中最需要的成分。因为，我们的眼神和表情都会"出卖"我们自己。真诚与否，别人一眼便知。所以，首先要做一个真诚的人，热情的人，从内心激起真诚地关注和关心，而不是只为了利益而虚假为之。

说话的重点不在于说什么，而在于怎么说

开篇叙话

说话，就像手中握着一串钥匙。其中只有一把钥匙能够打开成功的大门。而你的任务，就是找对这唯一的一把钥匙。如何正确地找到这把钥匙？即把握住说话的核心，说出的话能够直达问题本质，能够直入人心。这就是说话时那把正确的钥匙。

有道是："语言是思想的载体，心灵的反映。"一句讲解说明白了，说好了，能够让人立刻心领神会，理解其意思；一句关心说得恰是时候，如久旱甘霖，能够让人感激涕零；一句道歉说到了位，饱含真诚，能够冰释前嫌，消解矛盾。但有些时候，你说得唾沫横飞，也未必能打动人心，未必达成心愿。浪费时间不说，还有可能得罪了别人，得不偿失。

所以，说话的重点不在于你说得多么天花乱坠，说了多久多长时

间，而在于话是怎么说的，时机对不对，语气对不对，场合对不对，语境对不对，措辞对不对。就像做菜，一切调料都对味了，才是一道美味佳肴。

中国台湾著名节目主持人、作家蔡康永说："把说话练好，是最划算的事。"练好了说话，职场中我们可以借力扶摇直上；生活中，会说话可以让我们拥有人脉，拓宽道路；婚姻家庭中，会使夫妻关系更和谐美满，在教育子女问题上也可以游刃有余。重点就是，把握住话要怎么说才对味儿。

情景再现

故事一：

有两个烟鬼，在同一座寺庙修行。师傅让他们先诵经100遍。

诵经没过多久，两个人的烟瘾就犯了。其中一个烟鬼实在难耐，经也诵不下去了，于是去央求师傅："我可以在念经的时候抽根烟吗？"师傅很严厉地斥责了他，让他打消这个念头。

另外一个烟鬼去问师傅："我可以在吸烟时念经吗？"他的请求被答应了。这个烟鬼悠闲地抽起了烟。

故事二：

英国女王维多利亚与她的丈夫感情很好。但是，这对夫妻毕竟不是普通的夫妻。因为维多利亚是一国之君，每天都要忙于各种公务和应酬，丈夫对政治和社交却没有太多兴趣。

有一天，维多利亚忙完公事，已经深夜了。她回到卧室，见房门紧闭，不得不敲门，让丈夫给她开门。

这时门里面的人问："是谁？"

维多利亚回答："我是女王。"然而门并没有开，女王又继续敲。

门里面的人又问:"是谁?"

维多利亚回答:"维多利亚。"门还是没有开,女王继续敲。

"是谁?"门里面的人又问。

维多利亚回答:"你的妻子。"

这时门开了,丈夫给妻子开了门。

义理解析 故事一中的两个烟鬼发问的目的和内容完全相同,但是当角度和表达方式转换了之后,效果也就完全不同了。所以,我们在想做什么事的时候,先试想一下这样说对方会是什么反应,若是换一种方式,对方又是什么反应,效果最好的就是我们想要达到的。

维多利亚在外面是一国之主，是君王，可是回到了家，就是一个丈夫的妻子。所以，在面对丈夫的时候，维多利亚若仍然拿出君王的风范来，那自己的丈夫只能像"大臣"一样，也失去了丈夫的职能，而妻子也享受不到自己应该享受到的权利。

有一个年轻人，因为踢球导致脚骨折了，于是球队的队长率领众球友去医院看望他。在病床边，其中一个人说："我们这么多人来看你，感不感动？"那个受了伤的年轻人说："不敢动，疼……"这虽然是一个笑话，但是却道出平常我们生活中很容易遇到的场景，就是说的话被误会，被断章取义。这样轻松的笑话还好，如果是遇到重大要事，就会耽误事。所以，不管说什么话，话都要说完整，语序要正确。

生活中，说话的方式往往很能决定一件事的发展走向。而我们需要用语言来解决的问题太多太多。若是说不好，造成误会、得罪人、被领导训斥、被同事厌恶、被孩子不理解，都将是"家常便饭"，影响着心情和生活质量。也许就因为不会说话，害了自己的一生。所以，我们必须学好说话，找到最恰当的措辞，最恰当的表情，最恰当的表达方式，如此也就找到了那把通往成功大门的钥匙。

出谋划策

说话的重点不在于说了什么，而在于怎么说。同样一句话，往往转换一下表达顺序，意思就全变了，被听到的人所理解的意味也就不一样了。而我们所要做的，就是要善于把最贴切的那一句话表达出来。

一、跳出思维定式，把普通的话转换成吸引人的方式去说

国王为自己死后挑选继承人，于是给他的两个儿子出了一道题，以此来决定国王继承人。题目是：两个人，一人一匹马，然后两人乘马去清泉边饮水，谁的马走得最慢，谁就算赢。哥哥拽着自己的马尾巴，想要拖住马，不让马走，但弟弟却突然骑上哥哥的马，拍着马屁股，奔着泉边扬长而去。弟弟胜出了，因为哥哥的马跑得快。我们说话的时候，其实也可以跳出思维定势，把普通的话转换一下，就会变成吸引人的话，只有这样才能出奇制胜。

二、学会在说话中转换角度，角度对了，话就不会说错

说话，不是一个人在说，我们要考虑到听众内心的感想。所以在说话的时候，要考虑角度问题。当我们站在对方的角度上，假设听到我们自己说的话之后，就会知道对方会作何反应了。我们想要说话得体，想得到好的结果，就要将角度找对，拥有一个最完美的切角，也就是我们说话时运用最恰当的语言和方式。找对了角度，话就不会说错。

运用"冷读术"把话说到对方心窝里

 开篇叙话

人生就像一辆永远向前行走的列车，每个人都有一辆自己的专属列车。在自己的列车上，每一个人生的驿站，都会有人从这个站台下车。同时，也会有新人从这个驿站上车，进入自己的生活，陪伴我们的人生走一段路程。而我们每个人，都希望在自己的人生列车中，上车的都是善良、快乐的人，能够和自己相处愉悦。

所以，两个陌生人见面之初的谈话就显得尤为重要。毕竟，这是

两个人接触和交往的开端,而谁也不知道,对方会在自己的人生列车里停留多久,会在自己的列车上扮演什么样的角色。有的人,乍一出现,你并不觉得有何不寻常,可就是这样普通寻常的人,会影响我们的一生。好的影响,带来幸福;坏的影响,带来悲痛。我们都希望幸福,于是好的开端大于一切。可对于刚认识的人,如何在交谈中把话说到心窝里去呢?答案是,运用"冷读术"。

所谓"冷读术",即快速地了解到对方内心所思,并找到建立起双方互信的技巧。这看起来似乎是很高超的技术,所以要学会这个"冷读术"也是难上加难的吧。其实不然,只要我们善于拉近和走进对方的内心,那么很多难以应答的问题也都会迎刃而解。

情景再现

故事一:

历史上很著名的六国合纵抗秦,是由苏秦去其他各国游说的。在苏秦出发前往其他国家之前,发生了这样一件事:

苏秦跟在鬼谷子手下学习多年,认为自己已经学成,于是就去和鬼谷子说自己学得差不多了。鬼谷子对苏秦说:"既然这样,你对我说一句话,一句能让我出去的话,那么,你也就算学有所成,可以毕业了。"

大家都知道,鬼谷子在"术"的方面是很厉害的人。若想让鬼谷子随便的就被说服,这绝对不是一件容易的事,也算是"毕业"的大难题了。

苏秦说:"师父,我不知道如何让你出去,但是你出去,我就有办法让你进来。"

鬼谷子心里疑惑:我出去了,你倒是怎么让我进来呢?我倒要看看你有什么高超计谋。于是鬼谷子就出去了,而苏秦,则因此顺利毕业。

故事二：

有一次，小张到曾经大学所在的城市出差，想要去拜见一下自己大学时代的恩师。于是提前打了电话，约定了日程和约见的地点。

到了那天，小张来到和恩师约好的学校附近的咖啡厅，却久久等不到老师。小张行程紧张，再过两个小时就要去机场赶飞机飞往下一个城市出差。小张如坐针毡，希望老师能早点到来。等了好久，老师终于来了，说学校临时有事耽搁了，连打个电话告知一声的空都没抽出来。小张连说："没事，没事，本来也是打扰老师了。看到老师身体健康，状态很好，我就放心了。"

和老师寒暄了几句，小张看时间已经快来不及，赶紧和老师说："老师也很忙，我就不打扰老师了，老师您别太辛苦。"于是匆匆告别了老师。

若是小张说："老师我还有事，要赶飞机。"那一定会让老师多想，觉得自己来晚了，耽误了小张的行程。可见，小张"冷读术"之高明。

义理解析

不会运用"冷读术"，就往往忽略了他人心中所思所想，考虑的是自己当下的感受，说出的话，难以说到别人的心窝里，难免让他人不舒服。不能快速得到别人信任，也不能获得自己想要的结果。无论是工作，恋爱，还是交友，都会成为障碍。

苏秦运用"冷读术"揣测出鬼谷子内心所想，按照正常思维鬼谷子一定不会听从。所以，苏秦故意示弱，说了一句"我不知道如何让你出去"。然后又从人都有好奇心理下手，故意吊起鬼谷子的胃口，说"但是你出去，我就有办法让你进来。"鬼谷子心中揣测：你都没有办法让我出去，又怎么会有办法让我进来。我倒是想看看你如何让我进来。就这样，中了苏秦的计。

小张运用"冷读术"，对老师表现出了极大的尊重，没有说一句让老师不舒服的话。若是小张说自己有事，着急要走，一方面是暗中责备老师来晚了，二则是想的是自己有事，而不顾及老师要注意休息。但小张说得却句句都在关心老师，只字不提自己，说到了老师的心窝里，怎能让人不舒服？

所谓"知己知彼，百战不殆"。由此可见，"冷读术"运用好了，就会知道对方所思所想，就能够顺着对方的心意说话，会让很多场合变得温馨，谈话也会变得愉悦，好多问题也可以轻松解决。

出谋划策

"冷读术"是打开人心扉的一把钥匙，能够让对方内心生出一种感觉，即"原来对方如此了解我"，以此建立起信任关系的说话技巧。

一、巧妙地"掏出"别人心中的想法

我们并不会算命，也不会解读人心，一切的"冷读术"靠的都是一双善于观察的眼睛，善于倾听的耳朵，还有一颗善于发现的心。我们不可能通过人们的面目表情就知道对方在想什么，但是我们可以根据对方的言语，了解和猜测对方内心所想。这就需要我们巧妙地来"掏出"别人心中的想法。巧妙的问答，即不是直来直去的问答，而是看似漫不经心、无关紧要、无足轻重的问答，却牢记在心，并暗暗分析，以此了解对方心意。

二、用"冷读术"来"追求"对方，可增加对方自信

无论是追求姑娘，还是追求客户寻求合作，运用"冷读术"都

能够增加对方的自信,从而增加对方对自己的好感。如果你对心仪的姑娘说出了姑娘的心中所想,那么姑娘一定会在"知己""有共同话题"这一栏给你打个对号。每个人都希望自己获得关注,而"冷读术"所满足的,正是对方在这方面的心理。所以,用"冷读术"的说话方式来追求对方,能够让对方增加自信的同时,拉近和自己的距离。

三、使用"同调"语言,增加对方好感度

石井裕之在解读"冷读术"的时候,教过大家一个妙招,就是使用"同调"语言,来增加对方对自己的好感度。"同调"语言,就是模仿对方喜欢使用的句式和字眼。比如,和一个爱说网络流行语的同事聊天,你也经常使用网络流行语,会让同事感觉你们都是一路人,都是很in的人,所以,也就增加了对方对你的好感,也就愿意找你聊天。

语无伦次的表达,既费舌劳唇又给自己减分

 开篇叙话

有时候我们在和别人交谈时,会觉得这人说话东一头西一句,想要表达什么完全没有主旨,顿时生出一股无聊之感。甚至下次这人再找你谈天或聊工作时,你内心里开始有潜意识的抵触,不想和他进入谈话状态。因为谈话一开始,就意味着无尽的乏味也开始了。

反思一下,我们自己有没有这样的时候呢?

在工作中，和领导汇报工作，全体员工开会时做报告，年末时做年终总结……你是否语言表达没有逻辑，语无伦次，同样的话反复说，让人味同嚼蜡般难有兴趣再听下去。

尤其，当你的工作性质是频繁在公众场合讲话的工作，更该注意如此。比如，若是领导，总不能在开会时语无伦次的传达会议精神，让员工理不出头绪来；若是老师，总不能在讲课的时候，毫无中心思想和逻辑性，无法完成传道授业解惑；若是推销员或者销售代表，更是要有主次有逻辑地向客户推销产品，因为工作的成败百分之九十靠自己的一张嘴来决定。

语无伦次的表达，既浪费了自己的唇舌，也因浪费了他人的宝贵时间而给自己减分。人生也会因此多了许多失败和坎坷。而这失败或坎坷，将有可能会直接引导自己的人生走向下坡路。所以，说话要有逻辑性，要有中心，这样说出的话才有意义。

有逻辑性的话语，能够很容易就说服别人。就像很多演说家、政治家靠的就是强大的逻辑性，说服和感染听众的情绪，使听众成为自己的支持者。所以，想要改掉语无伦次的毛病，就要重视说话的逻辑性。

情景再现

庄周和惠施在濠水桥上边散步边聊天。庄子看见水中游动的鱼儿，说道："河里那些鱼儿游动得从容自在，它们真是快乐啊！"

一旁的惠施问道："你不是鱼，怎么会知道鱼的快乐呢？"

庄子回答说："你不是我，怎么知道我不了解鱼的快乐？"

惠施又问道："我不是你，自然不了解你；但你也不是鱼，一定也是不能了解鱼的快乐的！"

庄子悠闲地回答道："我请求回到谈话的开头，刚才你问我说：

'你怎么会知道鱼是快乐的？'这说明你是在已经知道我了解鱼的快乐的情况下才问我的。那么我来告诉你，我是在濠水的岸边知道鱼是快乐的。"

义理解析　　庄子很智慧，能够一层一层将逻辑推理得很清晰，属于"雄辩"的一种，让人信服得哑口无言。"你不是鱼""你不是我""我不是你"，一般人早就绕糊涂了，可是庄子却能够运用强大的逻辑性，把一层一层意思表达得很完整，很清晰。

如果说话语无伦次，大概从第一个问答开始就会败下阵来。自然而然就会被贴上"笨"的标签，被大家认为脑子不灵光。这在职场中，一是容易成为被欺负的对象，日后会被领导和同事打压；二是容易生出很多窝囊气，这气虽是别人给的，但却是因为自己嘴笨，语无伦次，更加怪罪自己，生自己的气。就因为表达不到位这一问题，很可能造成职场中难以有大发展，说话的场合轮不到你，你的成绩也不容易被看见。生活中难以获得快乐，因为口才不好，往往难以交到推心置腹的朋友，也难以获得爱人的认同。

所以，练习好说话，首先从杜绝语无伦次开始。多在说话的时候动脑思考思考，说话的先后顺序，话语的有无作用，是否啰唆和多余。也要分清说话的主次，中心主题要清晰。不能说到最后，让别人都不清楚你主要想表达什么，那样话语也起不到沟通交流的效果。

出谋划策

说话语无伦次，百分之九十的原因是逻辑性比较差，组织语言能力比较差。所以，强化一个人的思维逻辑性就显得尤为重要。

一、多读书，多思考，培养自己的逻辑性

逻辑性是可以培养的。有些人说，我读的是文科，搞得也是文类，理科类比较差，逻辑性就差，这是理所当然的。其实不然，逻辑性是可以培养的。只要多读书，多思考问题，多问自己几个为什么，多想想一件事的前因后果，多考虑几件事之间的相互关联，自然而然就培养了自己的逻辑性。这样，在说话当中，我们也就会多问自己为什么要这样说，说话的前后顺序是怎么样，渐渐改掉语无伦次的毛病。

二、锻炼自己在公众面前说话的胆量和能力，努力消除紧张情绪

语无伦次还有一个十分重要的原因，就是过于紧张，导致大脑一片空白，自己在说什么，自己根本就不清楚。举个例子，有的人在朋友、同事面前可以滔滔不绝，但是一到了心仪的女孩面前，就紧张得半句话也说不出来，说出来的话更是语无伦次，原因就是过于紧张。所以，培养自己在公众面前说话的胆量和能力，就显得十分重要。我们尽量在说话的时候放松心情，消除紧张情绪，慢慢的让讲话变得有条有理。

三、主要的思想最先说，其后的解释分点说

如果一开始觉得短时间内培养起逻辑性很难，可以先尝试把将要在公众场合说的话打成草稿或者腹稿。遵循的原则就是主要的思想最先说，其后的解释分点说，层层递进和扩展。这样，所表达的语言，或者关系递进，或者关系并列，让听者一目了然。这也就是所谓的有逻辑性的表达了。

经典箴言

有研究表明，人们对说话人所讲内容的开场和结尾部分印象最为深刻。所以，我们不妨将要说的话圈出重中之重，放到醒目的地方去。说话如同打猎，抓不住重点，就算你有一千支箭，也未必射中靶子。抓住重点，让对方听进心里，一支箭就可以射中靶心。

第二章

不懂察言观色，说得再好也难入人心

> 1912年诺贝尔奖获得者、法国生理学家科瑞尔在他的《人，神秘莫测者》一书中论述道："我们会见到许多陌生的面孔，这些面孔反映出了人们的心理状态，而且随着年龄的增长，反映得将越来越清楚。脸就像一台展示我们人的感情、欲望、希望等一切内心活动的显示器。"留意观察别人的表情和神态，方能揣测他人心意。知道他人心意，方能说出对方所感所想，方能达成一定共识。

做有风度的倾听者，不做"饶舌客"

 开篇叙话

梁元帝说过："言行在于美，不在于多。"话多到一定程度，就变成了饶舌客。

我们每个人的身边，其实都有这样一个饶舌客，每天见到人就不停地说说说，好像是憋了几个世纪的话一样，一开口就停不下来，满腔的倾诉欲望，别人根本插不上嘴。

刘瑜在《送你一颗子弹》里这样描述他的邻居：一个美国老头，十分爱讲话，偏偏又没人讲话。每次碰见刘瑜或者别的室友，便如获至宝般拦截住。用刘瑜的话说："一讲就停不下，语速密集到我连插一句'不好意思，我有急事要走了'的缝隙都没有，只有连连点头。便是你有一只脚已经迈进了卫生间，他也一定要讲完长篇大论，才让你把另一只脚迈进去。"听完这样的描述，我们大概心里只有一个字：躲！

这样的饶舌客，在生活当中，很容易让人望而却步，敬而远之，生活中难以交到真心的朋友，感情中伴侣也很难忍受无休止的唠叨，更会在工作中因为言语过于杂碎而惹上是非，不仅自身沾染是非，还容易搅到别人的是是非非当中去。其人生就像是一团乱糟糟的线团，糟糕透顶，而原因则都是因为自己有一张管不住的饶舌嘴。

情景再现

故事一：

某个知名时尚品牌服装的总监，总是对身边的人颐指气使，自命不凡，认为自己已经踏上了成功事业型女人的道路。无论在哪里，她都喜欢表达自己的观点。

每次开会，她说话几乎没有空当，别人都插不进话来。所以整个工作室就像一场独家表演，很难集思广益，更难以让人将全部精力放在会议之上。

单位聚餐，女总监也包揽了全部话语权，整餐饭又变成了她的单人脱口秀，让大家不欢而散。而她自己却迷醉在自己大谈特谈里，全然没有发现大家无奈的表情。

一天早上这位女总监突然被解雇了。这让她百思不得其解：难道自己工作能力不够强？难道自己在工作中不够拼不够努力？她在办公室里和老板一顿痛诉。老板一言不发听着女总监唠叨抱怨了半个小时，终于忍无可忍了才说道："你败在你这张永远都停不下来的嘴上。"女总监听了，嘴张了张，什么话都没说出来。

故事二：

有一个小女孩，她成绩平平，长相平平，家庭背景平平，连名字也是很普通的，叫娜娜，几乎没有什么吸引人的地方。她的父母都认为自己的孩子肯定在学校里很难找到存在感。可是，当母亲到学校参加家长会时，她大吃一惊。

不断有家长来对女孩的母亲说："你就是娜娜的母亲吧。你女儿真是个好孩子，我女儿前段时间因为考试没考好总是闷闷不乐，听说都是娜娜陪着她。"还有人说："我家孩子就喜欢和你家娜娜在一起，说娜娜就像个知心姐姐一样。"最后，老师对娜娜的母亲说："您的女儿小小年纪，就懂得为别人分担忧愁和心事，您教育得很好。"

回到家，母亲问娜娜，她是如何做到让这么多人喜欢她的。娜娜说自己什么都没做，只是微笑着安静的倾听对方而已。母亲问："就这样就够了？"娜娜说："不啊，一定要真诚要认真，对方讲的事，你要想，这件事发生在我身上怎么办。然后适当的微笑，点头，最后给出诚恳的意见就好啦。"母亲微笑着点了点头。她不再惧怕女儿平庸无奇，不够聪明，没有特长。女儿凭着做一个优秀的倾听者，能够被人喜欢着，就说明了她已经可以做一个对别人来说重要的人，这已足够。

义理解析

饶舌客往往是以自我为中心的人，他们只顾表达自己，倾诉自己，完全不考虑对方的感受，也不想听对方的想法，完全沉浸在自己的世界里。和饶舌客之间的谈话，难以称之为交谈。

古人有云："言多必失。"爱说话的女总监，从不给别人说话的机会，很难赢得大家的尊重，更不会赢得周围人的好感。这样在无形之中，就给自己设置了一道围墙。在这个围墙之中，她把自己圈了起来，在里面不停地诉说。围墙之中，都是她说话的回音；而围墙之外，人们早已自动屏蔽掉她的声音。久而久之，饶舌客的人生处境注定是孤立无援的。

饶舌客在单位里一开口，背后无数双眼睛盯紧了他，言多必失，被穿小鞋的日子指日可待，毕竟这是人多口杂的名利场；饶舌客在家里一开口，他的伴侣就喜欢把自己关在书房，或者坐在电脑前不挪身，直到饶舌客睡着了才敢上床，久而久之夫妻感情寡淡如水；饶舌客在家门前一开口，邻居就皱起了眉头，家长里短道不完的饶舌客久而久之被大家绕着走。这时的饶舌客，已经不仅仅是饶舌客，更多的是一个loser。

小女孩娜娜用自己的真诚，受到了同学、老师的喜爱。正因为她心中有爱，懂得尊重他人，甘愿做一个安静的倾听者，所以成为了对别人重要的人。这种人以后的人生就算不辉煌，但也绝不会没有色彩；就算不优秀，但也不会生活太差。

出谋划策

我们谁都想被人喜欢，谁都不想做那个被孤立的饶舌客。那我们应该怎么做呢？

一、根据谈话的内容，分辨自己应做的角色

谈话分为很多种，闺蜜失恋了向你诉苦是一种，家人之间闲暇时

光闲聊是一种,工作上合作伙伴之间谈话是一种,多年未见的老友相见叙话又是一种。此时,你要分辨出自己在这场谈话中的角色。

比如,与许久未见的老同学聚会,本来老同学想和你叙叙旧,而你张口闭口滔滔不绝地讲述自己的生活状态:在单位里如何被人排挤,如何怀才不遇;家里换了大房子和新车,经济如何紧张;孩子为了上好高中求了人花了多少钱……在对方不感兴趣的情况下,将自己的人生传记说了个遍。这样的饶舌客,自己说得舒畅了,完全忘记了自己的目的。从此也就失去了一个能够聊天叙旧的老朋友,得不偿失。

二、不是沉默不语,而是真诚倾听

不做饶舌客,也绝不是一言不语地做一个沉默客。

有的人想,既然不能做饶舌客,那就是对方说话的时候,我做一个倾听者就好了,管他说什么。一个人是否真诚,有没有认真在听,眼神会告诉对方一切。当别人对你坦露心迹、敞开了心扉时,已是对你有了信任。此时,你除了起码的尊重之外,最该有的就是真诚。同时,这也能体现出一个人的教养。真诚的倾听,适时的回应,很容易就在心与心之间搭起一座桥梁。

适时沉默,让对方主动追逐你的思绪

开篇叙话

经常有人说,那小子就会玩沉默。到底是贬义还是褒义呢?其实

"玩沉默"只要能"玩"出技巧,"玩"出格调,那么沉默,有时候也是一种比讲话更有用的语言。这种沉默,就是挑准时机的沉默,适当的闭上嘴巴。

两个人交谈,如果你始终发表观点大谈特谈,那么你就成了让人厌烦的饶舌客;如果你总是附和对方说过的话,就会让人味同嚼蜡,使得谈话失去了棋逢对手的畅快感觉;如果你总是一味的沉默,会让对方觉得你没有把他放在眼里,没有认真的听对方的话,从而使得两个人之间因不愉快的谈话产生出嫌隙。这样的谈话,都会给人留下不舒服的印象,继而产生不良的后果。

学会适时的沉默,最主要的还是为了让对方能够捕捉到自己的想法,顺着自己的思路去思考,从而使两人的意见达到一致。因为只有思路一致,生意上才能达成共识,产生合作;只有思路一致,才能说服客户,签订合同;只有思路一致,才能受到领导赏识,获得重用。由此可见,适时的沉默,让对方主动追逐自己的思绪,在职场和生意场中,尤其重要。

情景再现

销售员A和许许多多的销售员一样,只要有客户让其进门,他就像抓住了一根救命稻草,终于有了表达的机会。于是从头到尾,滔滔不绝的讲述自家产品是有多么优良的功效,是有多么的畅销。

大多数客户在听完长篇大论之后,让销售员A留下一些产品资料,便对其下达逐客令。这道门一旦关上,谁也不知是永久的关上,还是还有机会再迈进。这就是残酷的销售行业。

销售员A一直业绩平平,最终无奈离开了这个行业。他不明白,自己很拼很卖命,资料背得很熟,产品也了解得很透,在见客户的时候,恨不得背下整本说明书,恨不得当场给客户演示。销售员A只是不懂得一个道理，适当的沉默，比滔滔不绝更得人心。

而销售员B，在客户给了他见面的机会之后，并不十分急于向客户推销自己的产品，而是先开口问客户："您在产品方面有什么需求和渴望？"如此将自己置身在了一个安全的角落，把问题抛给客户。客户原本做好了听他长篇大论的准备，没想到销售员B却把好不容易争取到的发言权又交回给了自己。这让客户不得不回答销售员B的问题。

销售员B认真听完客户的诉求，期间时不时做笔记，并通过察言观色，挑出了客户需求的重点。等客户说完之后，销售员B才开始根据客户的侧重点，来向客户介绍自己的产品。扬长避短地趋向于客户的需求，努力达到让客户心动的目的。而这时，客户也被销售员B调动起了兴趣，进而更加主动积极的了解产品。

谈话结束后，销售员B并不急于让客户订购产品，只是告诉客户会给他足够的时间去斟酌考虑。在客户看来，只有好的产品才这样，等人去发现，而不是狗皮膏药一样的推销。

所以，在不出意外的情况下，销售员B一般都会等到客户的电话，要求再次见面和商谈。销售员B也就是这样签下来一笔笔订单，成为了一个成功的销售。

义理解析

美国加州大学心理学教授古德曼曾经提出："沉默可以调节说话和听讲的节奏。沉默在谈话中的作用，就相当于零在数学中的作用。尽管是'零'，却很关键。没有沉默，一切交流都无法进行。"人们将他的理论总结为"古德曼定律"，也称作"沉默定律"。

在人际交往中，与人交谈是必不可少的交流方式，但在有些时候，适当的沉默比声嘶力竭的争辩更容易产生震慑的效果，令对方信服。

销售员A的失败，正是败在过于追求自我表达，忽视对方心理上。

销售员B的成功也绝非偶然，察言观色，适当沉默，抓住对方的兴趣点，让对方追逐自己的思绪，最后站在主动的位置上等到客户的回应，一气呵成，顺理成章的成功。就算不是人生的赢家，至少是事业上的强者。

生活中，我们时常会遇到因为说错话而后悔的情况，学会察言观色，适当地保持缄默，就会让对方留出空白的时间来思考，并向你抛出问题，追逐你的思绪，从而使自己从被动的地位上解脱。其实，对话就像在认真的绘一幅美图，中国水墨画讲究留白，就是这个理。留白更能突出绘画的重点和艺术感，说话也是一样，不能填得太满，需要适当的沉默做留白，除了可以让你有更多思考的时间、减少说错话的几率以外，谨言慎行，善于倾听，也不失为一种得体的处世方法。

出谋划策

首先，时机是关键，早一分晚一分都会出错。

沉默，需要时机。过早沉默，会让谈话陷入僵局，气氛尴尬，谈话难以继续；过晚沉默，就让谈话变得繁冗，沉闷无趣，有长篇大论之兆头，让人无法集中注意力。因此，一定要把握好时机，看对方是否有话说，适时闭上嘴巴。

另外，思绪要在同一层面上，不要故弄玄虚。

适当的沉默，让对方追逐自己的思绪，目的在于让对方对自己的话题感兴趣，让对方思考和消化自己所抛出的问题，而不是为了卖弄自己，把自己悬浮在一定的高度上，让对方追随自己。所以，要保证思绪在同一层面上，保持真诚的态度。

最后，嘴上沉默，表情不要沉默。

虽然我们的嘴要保持适当的沉默，但面部表情却绝对不可以沉默。眼睛会流露出你的真诚，微笑的嘴角会表现出你谦和的态度，适当的点头会传达出你表示赞同。嘴在休息，可千万别让自己的心也在休息，它还需要察言观色，在内心里作出反应和回应。你自己的思绪都飞走了，还如何让别人追逐你的思绪呢？

用"心"说话，才能一语中的

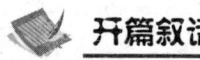
开篇叙话

说话时，你会抓住要害，一语说出重点吗？

纵横家的鼻祖鬼谷子有言："口者，心之门户，智谋皆从中出。"语言虽从口出，但只有用心，才能出智谋，才能有智慧，才能用最简洁的语言，达到人的内心深处。

有的人总是在唠叨一大堆之后，人们仍然不知道他想表达的主题为何；有的人则能够一针见血，一语中的，不需要过多的语言，就简练地表达清楚了要义。一语中的，不仅仅是一种表达方式，更是一种会说话的能力。除了简明扼要，更要有所智慧，语出惊人。

尤其在职场中，一语中的极其重要。和领导谈事情，啰唆一大堆仍没有重点和主次，领导会用何种眼光看你？如果不小心犯了错，需要向老板解释，不能简单扼要地表达出原因，老板还会花时间来听你为自己辩解吗？如果同事之间闲聊，简单的事情被你反复说，听者能不生厌吗？同样，在生活中，如果不会抓住重点的表达，一样会被认为了无生趣，性格平庸，在生活圈中被打入"冷宫"。

所以，嘴巴说出的话是用来与人交流的，心是用来好好组织凝练语言的。所谓用心，即是用心的组织语言，用心的切中要害，用心的简练表达，用心的说有利于自己的一面。让别人只听了你的一句话，就将所有信息了然掌握于胸，且在心中升起一番感慨。这样的一语中的才会抓住人心，给人以深刻印象。

情景再现

故事一：

有人路过建筑工地，问正在忙碌的三个砌墙的工人："你们在做什么呢？"

第一个工人说："嗨，你没看到吗？不就是砌砖嘛。"

第二个工人说："我在做着一份一小时9美元的工作呢。"

第三个工人则哼着快乐的曲子，笑呵呵地说："亲爱的朋友，我正在建造这个世界上最伟大的教堂！"

故事二：

小黄是公司里的新人，到季度末要准备季度报表。和小黄一起报表的几个人，不是说孩子发烧生病，就是家中房子装修太忙，所以这一个季度的报表，几乎全堆在了她身上。

小黄熬了一星期，加班到深夜，才将这个季度的报表全部做完。作为新人，不好有太多怨言，小黄也就当作是锻炼了。可没想到，报表中的数据出现了错误。

领导问小黄报表为什么会出错。面对领导质疑的目光，小黄说道："报表出错，是我的错。"然后，她把报表的过程简明扼要地汇报了一番，言谈中也流露出报表为自己短时间内一人所做。结果，领导非但没有批评小黄，还点了点头对小黄说："辛苦你了。"

义理解析

"一语中的"难就难在有没有用"心"，这个"心"指的就是在说话时要机智、灵敏、果敢。中国当代著名作家、中国作家协会副主席陈忠实从不会讲客套话，语言简朴，却总能一语中的。他曾用这样一句话来表达自己对人生的感悟："馍蒸到一半，最害怕啥？最害怕揭锅盖。因为锅盖一揭，气就放了，所以，馍就生了。"简单直观，却直击人心。

故事一中的三个建筑工人在做着相同的工作，因为用心不同，所以表达方式也就自然不同。第三个工人的回答最令人印象深刻，很容易令人感染到这个建筑工人热爱生活、积极向上的态度。也一语中的的包含了前两个回答，意义和层次都更高一层，智慧与哲理并存。

反过来看，前两个建筑工人，虽然也在正确表达，但却没有新意，从某种意义上来说，他们一辈子只能做一份普普通通的工作，不会得到重用，也不会有大的突破和飞跃。就像他们的回答一样，一生平平淡淡，普普通通。工作艰辛的同时，内心的快乐也比不上第三个人来得多。

故事二中的小黄简明扼要地表达了自己工作中错误形成的原因，也从侧面解释了自己因工作繁重造成了错误，非但不会挨领导骂，还让领导肯定了自己的能力。如果她为自己辩解，或者说一堆工作上的内容，不但不会让领导明白自己出错的真正原因，更不会让领导肯定自己的工作能力。

对于初入职场的新人而言，犯错的后果可想而知。也许这一生都将要在这个误会里打转，得不到肯定，得不到重用，受尽白眼。所以说，"一语中的"的好处实在是太多。但"一语中的"是难度问题吗？不是，"一语中的"更需要用心。正如尼扎米所言："发自内心的话，就能深入人心。"

出谋划策

一、要事和急事，要把责任心放进话里去

一般在紧急的情况之下发生的状况，无论是向上级汇报情况，还是向下属传达任务，都一定要将责任心放到话里去。只有把责任心放到话里去一语中的地表达，才能够让领导和下属感受到事情的急迫，并且在最短的时间内领会事件内容。如果讲话啰嗦找不到重点，且散漫无责任心，那么，后果轻了可能会失去领导的信任，下属的尊重；重了就要承担整件事的责任，或承受丢失工作，或承受巨大财产损失，或承受牢狱之灾。如此一来，人生也就走上了下坡路，得不偿失。

二、需要解决的难题，要把机智灵敏放到话里去

发生了需要解决的难题时，多动脑，多用心，将智慧放到话语里去，言简意赅地说出自己的想法。大家应该都知道《我是歌手》中有一集，汪涵在孙楠突然提出退赛的情况之下，面对即将下来的直播，作出了十分精彩的应对，网友和观众纷纷大赞汪涵机智救场。汪涵的一番机智的表达，不仅一语中的地切中了比赛仍将在艰难的条件下继续，而且表达的话语，不仅深入到孙楠的内心，也深入到现场观众的内心，从而避免尴尬的气氛，赢得了阵阵掌声，在

主持行业当中,坐稳了交椅。责任心是一方面,用心和机智又是一方面。融入语言的智慧,便能把话说到一语中的。

经典箴言

1. 察言观色,才能随机应变;察言观色,才能说出恰当的话。工作交往中,对说话对象的表情,动作,态度以及话语的内容,进行细微而敏智的观察,就像细细的品读一本有趣的书,掌握了书中的主要内容和信息,才能了解对方内心的真正思想和意图,才能把握住风向,打好舵盘。察言观色是职场基本生存技能。洞悉别人的内心,才能得人心。

2. 古人云:"心者,行之端,审心而善恶自见;行者,心之表,观行而福祸自知。"18世纪法国哲学家、美学家、文学家、教育理论家狄德罗在他的《绘画论》一书中说过:"一个人,他心灵的每一个活动都表现在他的脸上,刻画得很清晰、很明显。"如果说观色犹如察看天气,那么看一个人的脸色应如"看云识天气"般,有很深的学问,因为不是所有人所有时间和场合都能喜怒形于色,相反是"笑在脸上,哭在心里"。

第三章

做不好"面子文化"，注定没有好人缘

中国社会是一个典型的重视"面子文化"的国家。对中国非常友好的英国进步学者罗素生前曾谈到："外国人对中国人的'要面子'觉得很可笑，殊不知只有这样才能在社会上形成互相尊敬的风气。"只是面子与里子不能脱节，面子不能比里子高一个层次独立存在。因此，在与人交谈中，说话时给对方留足面子，做好"面子文化"，是至关重要的。

欲速则不达，语速太快难留好印象

开篇叙话

《邓析子·转辞篇》中有语云："一声而非，驷马勿追；一言而急，驷马不及。"意思是：一句话说得不对，四匹马也不能挽回；一句话急于出口，四匹马也追赶不上。简而言之，说出的话就如同泼出的水，难以收回。

有的人说话语速很快，这在一方面可以看作是优点，比如在辩论赛中。但在大多数时候，这却是一个致命的缺点。生活毕竟不是辩论赛，不是时刻都靠语速胜人。语速快，往往口不择言，说出的话不会认真经过大脑的过滤，从而说出让自己后悔不已的话；语速快，往往让人难以跟上你的思路和步伐，影响交流和沟通；语速快，也会让人怀疑你说话时的态度和诚意，难道他是在敷衍？难道他有其他事着急去做？

欲速则不达，说话也一样。语速太快，沟通和交流就会变成障碍，谈话达不到好的效果。所以，重要的话要三思之后再说，条理清晰地表明自己的观点，才能让人过耳不忘；温暖的话，要柔柔地说，详细地说，让话语像清泉一样细细地流淌；教导的话，要放慢了说，将耐心放进去说，让人觉得"听君一席话，胜读十年书。"起码，我们要让说话达到说话的目的，让听者能明白我们的心。

情景再现

小林在校时是很优秀的学生，成绩出色，长相清秀，在老师眼中，小林一定能找到一份比较理想的工作。可是，小林有一个特点，就是语速太快。当然，从小到大，他的语速快被认为是反应灵敏的表现。非但没让小林意识到这是一个弱点，反而有时为此沾沾自喜。

面试时，小林将早已准备好的材料烂熟于心，足以应对面试官的各种问题。当他坐下来面对一众面试官的时候，他从面试官的脸上也看出了大家对他的满意和感兴趣。尽管，面试还未真正开始。

短暂而漫长的面试时间过去了，小林自信的等待结果。尽管对手高手如云，但他相信自己。

然而，面试结果却令小林大吃一惊：自己落选了！

此后，小林一再降低自己的标准，却仍拿不到一份录取通知。眼看着同学当中那些远不如自己的都已经签了工作，小林实在沉不住气了。终于在一次被宣告未被录用之后，小林问人事经理，自己为何没被录用。

人事经理说："你各项条件都很优秀，只是说话时语速很快，一方面是别人无法跟上你的思路和语速，另一方面是你在很快的语速当中，暴露了你的超过于自信的情绪，也就是自负。"小林一时无言。

义理解析

小林的优秀，让他自认为一定会所向披靡，也不认为自己的语速过快是一个缺点。自负的态度，通过面试时语速过快的表达，表露无遗。

在职场中，究竟什么样的人能够获胜呢？有心理学家研究表明，那些表现出些许紧张，并不是每一个问题都能够对答如流，而硬件条件又足够优秀的人，很容易胜出。原因很简单，面对重要的面试，人人都会有紧张的情绪，如果不紧张，表现太完美，反而让人觉得对方不是十分重视这份工作。若被录用，其也会找准机会离开，且不屑于这份简单的工作，因而有可能在工作中因不重视而出现疏漏。

就像人事经理剖析的一样，小林过快的语速，一方面让面试官和面试者在交流上形成了一定的障碍，另一方面则在过快的语速中将自信满满表达得过了头，也就变成了自负。

几乎所有的领导都宁可要一个能够顺畅沟通，但肯认真做事的人，也不会要一个语速过快、难以交流、且自负的人。

出谋划策

一、意识到说话过快影响身心健康，努力去改正

有研究表明，说话过快容易引发心脏病。而患有心脏病的人，若说话过快，则容易引起心脏病发作。专家经过试验表明，说话过快会引发血压升高，加重心脏的负担，继而引发心脏病。当语速放缓之后，血压才会慢慢降下来，恢复到正常值范围。为了身心健康，我们说话时一定要注意自己的语速。

二、放慢语速，调好声调，给自己和他人思考的余地

莎士比亚在《爱的徒劳》中说："你的舌头就像一匹快马，它奔得太快，会把力气都奔完了。"所以说话需要留有余地和空白，不仅给自己思考下一句该怎么说的时间，也给对方留下消化你的语言的时间，于双方来说都是一种缓冲。另外，运用好声调，准确地表达出自己的想法，会给人深刻的印象。马卡连柯说："声调运用所以具有意义，倒不是仅仅为了嘹亮的唱歌，漂亮的谈吐，而是为了准确地、生动地、有力地表达自己的思想感情。"声调过高，容易让人误会你有情绪；声调过低，气氛会感到压抑。

三、放慢语速的根本，是改善自己急躁的性格

总结下来，不难发现，语速快的人，一般性格也十分急躁和直

爽，想要在最短的时间内用最合适的话将自己的心情表露出来。这样的人，办事也易急躁。一个人的性格决定一个人的命运，"暴躁的性格会把犬牙碰断。"这种性格注定会断送自己的前途。曾有人把急躁性格的人比作刽子手，不是他们真的会杀人，而是他们连珠炮一样的语速，不容人插话和辩解，容易把人说到后背贴墙，再无退身之处。所以，放慢语速，先从改善自己的急躁性格入手。

表情不到位，滔滔不绝都是废话

 开篇叙话

  马卡连柯在《论共产主义教育》中说："只有学会在脸色、姿态和声音的运用上能作出二十种风格韵调的时候，我就变成一个真正有技巧的人了。"可见，说话的技巧并非只有语言，表情也十分重要。

  开会的时候，台上领导声音生硬不动听，像催眠机器一样使台下沉睡一片；一群人在交谈的时候，一个人滔滔不绝，唾沫横飞，所有人都想转过脸或把话题岔过去，将他打断；一对男女在相亲，男生在拼命找话题拼命的打破僵局，仍是紧张的直搓双手，气氛依旧尴尬。为什么会产生这种效果？是领导的讲话不重要吗？是朋友们都讨厌这个说话的人吗？是这对相亲的男女不合适吗？答案都不会是完全肯定的，但有一点可以肯定，那就是一定是说话的人选择错了说话的方式，表情不到位，滔滔不绝都变成了别人难以入耳的废话。

  莎士比亚说："简洁的语言是智慧的灵魂，冗长的语言是肤浅的藻饰。"

  语言的表达，加上肢体语言的辅佐，就像蛋糕上涂了一层奶油，又装点上了草莓，不再乏味，味道更鲜美。

表情不到位，说得再多，也无法引起他人的注意，也就无法让人印象深刻，更无法让人对你的话产生兴趣。法国作家罗曼·罗兰说："面部表情是多少世纪培养成功的语言，比嘴里讲的更复杂到千倍的语言"。表情不到位，说再多的话都是乏味，滔滔不绝也都变成废话。而表情到位，则会让语言变得丰富上千倍。

情景再现

故事一：

英国著名的议员爱德曼·巴克先生，文笔非常优秀，总是能够写出十分动人的演说稿。逻辑通顺，文法用得也十分巧妙。在欧洲，将近半数的大学都采用他的演说集用作演说的标准教材。

但奇怪的是，当爱德曼·巴克每次自己登台演讲时，总是失败，悻悻而归。他在演讲中，丝毫无法将他精彩的辞句讲得动听起来。更糟糕的是，每当他站起来演说的时候，下议院的议员，做什么的都有，就是没人认真听，过不了多久，大家就纷纷退席了。

故事二：

有一次，余秋雨先生在四川大学演讲时，讲到自己在上海的一位音乐教师朋友，病危之时，有两个留学国外的学生终止了合同，从国外赶回，为老师举行演出活动。余秋雨先生在讲这一段时，露出沉痛的表情，将在场的所有人都拉入一种情绪之中。

余秋雨先生说，那时，上海好多即使不懂音乐的人也买了门票，感受什么是真正的音乐，什么是真正的老师。当这位好友去世时，附近的花店全部售空，因为这些花，都摆在了那位崇高的音乐教师身边。

余秋雨一番深情的表述，使在场的人产生了深深的共鸣，仿佛此刻在场的每个人，都懂了什么是音乐，什么是恩师情。

 **义理解析**

希腊最伟大的演说家得莫思提尼被人问到,"演讲中,什么是最重要的?"他回答说:"表情。"那人又问,"其次呢?"他答:"表情。"那人继续不甘心的问,"再其次呢?"得莫思提尼依旧回答:"表情。"

这就不难理解,为什么爱德曼·巴克先生的演讲让议员纷纷退席,余秋雨先生的演讲却感染了在场所有人。由此可见,表情的重要性。

爱德曼·巴克先生如果能够按照自己的写的稿子,声情并茂的演讲出来,定会吸引人。然而可惜的是,爱德曼·巴克先生没有运用好表情,没有达到演讲的要求。这样一来,始终会被人认为,那个人空能写一手好稿子,却说不出来,可悲。余秋雨先生不仅文笔优秀,演讲中也会运用表情来感染气氛,抓住人心,达到演讲应有的效果。赢来掌声的同时,也取得了心灵的共鸣,赢得了大家的尊重。

回想在我们的人生中,也有许多和爱德曼·巴克先生类似的情况,空有一腔才华和一肚子好想法,却因为表情不到位,表达平淡如水,无法吸引人,也就无法完整传达自己的优秀思想。无奈之余,只剩下遗憾。

出谋划策

人有口,所以开口说。人有表情,所以要用表情。不说无法沟通,表情不用,表达也不会深刻到位。只有用对了表情,说的话才对味。

一、优雅的姿态,在何时说话都重要

有人说,我又不是去做模特,又不是去做演员,更不混在时尚圈,优雅的姿态与我何干。试想一下,你穿着随意的衣服,耷拉着眼皮,晃晃悠悠穿梭在办公区域里,恰好迎面遇到老板的情景。一定是猝不及防又狼狈的点头哈腰吧。再试想一下,你着装整齐,步伐稳健,容光焕发的走在办公室,见到老板,停下来微笑寒暄几句,会让

领导感觉到自己大方识体。两种状态，带来的结果可想而知。

二、学会用表情，就是学会用"情"来说话

"表情"二字，"表"是表现出来，"情"则具有很多深意。真诚之情，感动之情，难言之情，悲痛之情，等等。交谈当中，若我们被对方的情绪所感染，所打动，那一定是对方用情说出的肺腑之言。也只有如此，才能将心比心，达到灵魂深处的交流。所以，要想打动他人，就要学会用情来表达。就像欢快的歌曲要微笑着去唱，悲伤的歌曲会含泪歌唱一样，正确的表达需要用正确的感情。

学会变通，一本正经也要分场合

 开篇叙话

和领导说话，你是否一板一眼，手臂垂直，大气都不敢喘一口；和父母交谈，你是否严肃至极，和在朋友面前判若两人；和孩子沟通，你是否以长辈自居，总是板着脸，以示威严；和下属谈话，你是否收起笑容，以显露自己领导风范。一本正经，有时候是好事，但也要分场合。

时时刻刻一本正经，只会在交谈之中，扩大人与人之间的隔阂，使彼此之间产生距离。时间久了，就会给人留下正经、刻板、无趣的印象。谁愿意和这样的人接触和交往呢？别说交不到朋友，得不到上司赏识，就连家人也会与其有所距离。然后自己变成一座孤岛，让人难以接近，自己也无法靠近他人。

所以要学会变通，轻松地和同事开一个适宜地玩笑，会拉近和同

事之间的距离；和父母是最亲近的人，若把你对朋友们说话的劲头用在和父母的谈话中，父母的幸福指数会达到顶点；适当的和孩子像朋友一样以兄弟姐妹自居，会更了解成长中孩子的心事和烦恼；和下属之间适当的说说笑笑，会让自己更得人心，为自己加分。

情景再现

故事一：

有一个官员，被调任到外地去做官。临出发之前，这位官员去拜谢辞别他的恩师。恩师语重心长地对这位官员说："出了此地，不比家中，在外便困难重重，做官一定要谨慎小心。"

官员听后，安慰恩师说："请您放心，现在的人，都喜欢听好话，我就尽说好话便可以了。我现在，早已经准备好了一百顶高帽，见一人我就送一人，不会太艰难的。"

恩师听了此言大怒，"我平日里是如何教导你的？做人要刚正不阿。阿谀奉承，那不是小人行径！"

官员说："请恩师息怒，我这也是不得已而为之，世道便是如此。现在，像您这样正直的人，又有几个呢？"

恩师听后，若有所思地点了点头："你说的也是。"

拜访完恩师回家之后，官员对朋友说，"我准备好的一百顶高帽，现在剩九十九顶了。"

故事二：

著名的民间艺人杜宝林先生，有一次接受到上海南洋兄弟烟草公司的拜托，为自己的香烟品牌做做广告。杜宝林先生觉得，总不能直接和别人说："喂，你去抽抽看某某香烟，真是不错。"这样说只会让人反感，更不会去买这个牌子的香烟。

于是，在当日的即兴表演中，上海南洋兄弟烟草公司的一班人马都屏住了呼吸，想要知道杜宝林怎么为自己做广告。

杜宝林上来便说："吸烟啊，真是个害人的事，有害健康不说，还浪费了金钱，我老婆为此可没少唠叨我。我劝大家，能戒烟赶快戒掉吧。"上海南洋兄弟烟草公司的人傻了眼，这哪里是广告呢，分明是告诉大家不要再去买烟了。

杜宝林接着这话题又说到了别的地方去。过了一会，绕了一大圈，杜宝林又回到了香烟的问题上："但是我自己呢，十六岁就开始吸烟，多次想戒掉，非但没戒掉，反而烟瘾更大了。无奈啊，我只能选择含尼古丁比较少的香烟啦。大家有和我一样情况的，可以尝试一下上海南洋兄弟烟草公司的香烟，含尼古丁少，还能解决老烟瘾。"烟草公司的一班人马松了一口气，心中暗自赞叹：这真是妙绝的广告！

义理解析

如果官员被恩师批评之后，连忙点头称是，那么在恩师的印象之中，对官员的评价就定位在了阿谀奉承之上，且把自己谆谆教导一股脑忘到了脑后，不仅让恩师失望，也让自己处境尴尬。想必在日后的官场中，也容易受到别人的排挤，而不会为自己辩解。人生中处处会多出阻碍来，自己却没有能力化险为夷。

官员经过变通，不但为自己辩解，同时又夸赞了恩师。这就是在谈话中放弃一本正经，学会变通得到的效果，一举两得。

我们时常认为，和师长，领导这一类人谈话时一定要严肃，要一本正经。其实，当我们变通着表达自己观点的时候，也可以在不失尊敬之余巧妙地将谈话扳向有利于自己的一方。

杜宝林若是一本正经的直接给烟草公司打广告，推荐香烟，想必会效果甚微。毕竟老烟民都懂一个常识，一个人基本上固定抽一个牌子的一种香烟，很少中途换别的烟抽。

杜宝林一个转折，一个变通，就能让人打从心底里接受他的推荐。抓住人的心理，想戒烟，戒不掉，还想要健康，那就从对健康有益的香烟下手，找到切入口，让人理所当然地接受。

不会变通，一本正经，很多时候只会让说出的话像白开水一样，寡淡无味。人生中，不会变通、一本正经也会给人留下刻板无趣的印象。说话没力度，没人理，久而久之，便没有了存在感，成为可有可无的"孤家寡人"。要想扳回局面，要想让人印象深刻，要想让自己的话语深入人心，就要学会变通着去说，拐着弯去说，这样才会达到我们想要的结果。

出谋划策

一本正经的确要分场合，很多时候，我们需要用变通来达到一定的效果，才能获得一定的利益。但变通似乎并不是一件容易的事，需要我们花费点力气。

一、从根深蒂固的思想的侧面出发，出其不意

我们的思想，很容易被一些根深蒂固的思维所禁锢。也正是这些根深蒂固的思想，让我们很难跳脱出来，说的话平平淡淡，一本正经，没有新意，难入人心。所以，很多时候，我们只有跳脱出固定思维，才能说出"一语惊人"的变通的话，让人耳目一新，印象深刻，从而达到自己的目的。

二、养成说话前爱思考的习惯，思考过的话语总会有所变通

很多事情需要战略，很多语言的表达也需要策略。所以，说话之前，我们需要简单的在脑海中打个草稿，如何说能让人接受，如何能更好的表达，都需要好好思考一番。养成这个好习惯，会让你"一

言值千金"。而不是一本正经的废话连篇，仍毫无用处。思考后的语言，就像经历了一道加工程序，一道菜里加了适当的佐料。时间久了，你会发现，变通的话语并不难。当然，是经过思考之后。

三、变通也有度，不要"变"得失去了水准

变通，不等于油嘴滑舌，不等于信口开河，更不能胡说八道把人的思路往奇怪的方向拐，为自己的利益强言辩护。强言辩护，不但起不到变通应有的惊人效果，反而会让人厌恶。变通要掌握好度，要将话说得滴水不漏，将自己的想法像春风细雨一般植入人心，而不是狂风暴雨扑面而来，让人无法接受。只有有度的变通，才会有变通的价值。

经典箴言

1. 法国著名作家安东安娜·德·圣苏荷伊曾在自己的作品中写过这样一句话："我没有任何权利去做，或者说任何事来贬低一个人的自尊。交往中，重要的不是我觉得他怎么样，而是他觉得他自己该怎样。同样，伤害人的自尊是一种罪过，这也包括不给人留面子。"即便你是善意的，若让对方在众目之下颜面尽失，对方也不会领会你的善意，还会为了保护自己的颜面，进而反击你。相反，如果你能在适当的场合保护他人面子，则日后对方会感激，会报答。

2. 任何事物都有它的两重性，"面子"也不例外。把面子看得太重，面子就成了沉重的负担，就会走向反面，让你不堪负重，有时甚至会酿成大错。面子这东西是把双刃剑。用好了，它是正气的标志，是尊严的化身；若用不好，单纯地为面子而面子，则物极必反，其结果势必走向反面。

第四章

夸人夸不到点子上，等于搬着石头砸自己的脚

赞美可以修复嫌隙，赞美可以赢得好感，赞美也可以收获爱情。普林在《演说》中说："言语是人类所使用的最有效果的药方。"而在所有的"药方"当中，赞美又是最美最动听的语言。老子曰："美言可以市尊，美行可以加人。"也就是说，美好的语言，可以赢得别人的尊重。简而言之，把话说到对方的心窝里，往往会有意想不到的效果；而恰到好处的夸奖，则会更令人喜出望外。

想让对方做什么，不妨在这一方面夸奖他

 开篇叙话

英国前首相丘吉尔说过一句话："你要别人具有怎样的优点，那你就要怎样的去赞美他。"可见，赞美不仅仅可以愉悦人心，赞美还是一种手段，可以利用赞美，达到一定的目的和效果。

如果你想让家庭和睦，和自己的爱人相处和谐，那么你就去赞美你的爱人；如果你想加固你和朋友之间的友谊，让朋友知道自己在你心中的重要性，那么就去赞美你的朋友；如果你想和同事之间相处更加融洽，营造一个舒心的工作环境，那么就去赞美你的同事。简而言之，如果我们想要一个幸福轻松愉悦的生活，就需要用智慧，学会利用赞美。

有时候，我们可以不花一分钱，只用赞美就办成一件事；也可以不刻意就培养，用赞美就让孩子发挥了自己的所长。如果你想拜师学一项技能，那不妨先从赞美入手，打开师徒之间和谐关系的大门。

这就是语言的魅力所在，赞美的魅力所在。虽说不会赞美不会一事无成，但会赞美，绝对可以办成许多事。

情景再现

故事一：

小王是一家药企的销售，业绩突出，年轻有为，公司里相当一部分的业绩在靠小王支撑。

作为小王的领导，李总十分肯定小王的工作能力和才华。但是，

李总却从来不赞美和夸奖小王半句，反而总是在和小王谈话的时候，对小王说："小王啊，你可不能骄傲啊，你看隔壁药企的某某，将一项十分难搞的项目都搞定了，你也要再接再厉啊！"

小王每次听到领导这样说，都十分郁闷。自己工作勤恳卖力，领导却永不满足，难道是在逼自己离开这个岗位？于是，小王开始私下里寻觅跳槽的良机。

隔壁的药企了解到小王有跳槽的动机，于是抓住机会，用更高的价格撬走了小王这个销售人才。

临走时，李总不断挽留，可小王去意已决。小王也说出了藏在心中已久的不满："我从没得到过你的肯定和赞美，这让我对自己的能力产生过怀疑。但隔壁药企的张总，却对我的工作能力十分肯定。我不是需要时时刻刻的被赞美，但人都需要被肯定。我想很多人和我一样，听到赞美的话，得到了肯定，会更卖力地工作。李总，你在这方面太吝啬了。"听完此番话，李总已是追悔莫及。

故事二：

汤姆和吉米从小就是邻居，他们都喜欢手工制作，于是总是收集家附近的铁皮和瓶瓶罐罐等"垃圾"。两个人总是比赛，谁用易拉罐做出来一个机器人，谁用废弃的木制家具做出来一个小汽车。

每一次，汤姆把自己的"作品"拿回家，都会得到父母的赞美："儿子真棒，你现在就能做出这么棒的手工制作品，长大以后，就能做出更棒的作品来。"汤姆大受鼓舞，为了得到父母的赞美，开始更积极的动脑思考，准备做出更棒的东西来。

小吉米却没那么好的运气，吉米把自己的"作品"拿给父母看的时候，爸爸不但没有赞美他，还将他训斥了一顿："以后再也不要让我看到你把那些脏兮兮的瓶瓶罐罐带回家来，再带回来，小心我打你。"吉米害怕看到爸爸严肃的脸庞，再也没敢将自己的"作品"带回家。时间久了,也渐渐失去了制作手工的兴趣。

后来,吉米家搬走了,两个小伙伴也从此分开了。长大后,汤姆和吉米再次相逢,汤姆已经在一家顶尖级的公司专门研制开发机器人的程序,而吉米只是普普通通的公司职员。

义理解析

美国著名心理学家威廉·詹姆斯在一项研究中表明:"在人类的本性之中,最深刻的渴求就是受到赞美。"赞美,即是思想被赞同,自我价值被肯定。人人都渴望被赞同,被肯定。只有抓住人的这种心理,才知道赞美他人有多么重要的意义。

《羊皮卷》中关于赞美的诗篇深得人心:"我们赞美敌人,敌人于是成为朋友;我们鼓励朋友,朋友于是成为手足。我们应该常想理由赞美别人,决不搬弄是非道人长短,当我们想要抱怨人时,就咬住舌头,当我们想要赞美人时,就高声表达。飞鸟,清风,海浪,自然界的万物其实都在用美妙动听的歌声赞美造物主,我们也要用同样的歌声赞美她的儿女。我要记住这个秘密。因为它将会改变我的生活。"

领导因为吝啬于赞美,失去了得力员工,损失极大;父母因为吝啬于赞美,抹杀了孩子的创造力,使聪明的孩子最终成为了再平凡不过的人。这些我们看似很小的一件事,一个点,就这样影响着我们的生活,甚至是一生的成长轨迹。就像蝴蝶效应一般,这个点看似只是人生这台大机器的一个螺丝帽,却不知这个螺丝帽一掉,也许整座机器都瘫痪。

会赞美员工的领导,不仅会与员工相处和谐,也会激发员工更加积极努力的工作。会赞美孩子的父母,是最优秀的父母。赞美是最好的家庭教育。父母想让孩子成为什么样的人,不妨就在这方面来赞美他。一方面可以帮助孩子找到自己的闪光点,另一方面可以激发孩子的创造性。所以,如果你想要别人做什么事,就别吝惜你的赞美,尝试在这方面去赞美一下。

> 出谋划策

一、意识到赞美是一种力量，利用好赞美

很多人在潜意识里拒绝赞美别人，一是觉得赞美别人有讨好别人的嫌疑，二是觉得赞美别人容易让人骄傲的"翘尾巴"。但其实，赞美是一种力量，一种能够激发别人潜能的力量，一种帮助别人找到自我价值的力量，一种能让人心中充满希望的力量。尤其是你的行业，和教书育人有关系的，一定要利用好赞美。因为，你的赞美也许会成就一个人的未来。

二、学会赞美，赢得人心，来更好的服务自己

学会赞美别人，也是赢得人心的一种。只有赢得了人心，才能够推心置腹，能够更好的为自己所用。为什么刘备要三顾茅庐请诸葛亮？刘备十分仰慕诸葛亮的才华，于是亲自去隆中请教诸葛亮，如何平定天下。第三次去时，诸葛亮在睡觉，于是刘备让关羽和张飞候在门外，自己安静的站在台阶上等诸葛亮醒来。很久之后，诸葛亮醒来，给刘备分析了天下大势，刘备十分感激。刘备一是赞美，肯定了诸葛亮的才华；二是用真诚，赢得了诸葛亮的人心，为自己所用。刘备赢得了贤人，也赢得了天下。

不留痕迹的夸奖既让人舒服又吸引对方主动接近

 开篇叙话

众所周知，情商高的一个标准，就是会赞美他人。一个人若总是

不吝啬自己的赞美，喜欢夸赞他人，那他一定是一个平易近人，和善温暖的人。周围自然就围绕着一群真诚的朋友，同事领导之间也会将人际关系处理得很和谐。

相反，那些每天都板着脸很严肃的人，基本上都是自视甚高，眼高于顶的人。他们非但不会赞美别人，反而觉得赞美了别人就是贬低了自己。这样的人，让人很难接近。当人们都远离你的时候，那么和朋友交心的机会也远离了你，成功的大门也远离了你，甚至为人父母的你由于让孩子难以接近你，连最宝贵的亲情也远离你。

还有的人，性情比较内敛，总觉得赞美别人的话，无法开口。好像赞美别人，比批评别人还要难以启齿。明明对别人的某处长处十分佩服，但羞于开口赞美，无法让人知道你内心所想，就少了一条通往彼此内心的路。少了一个知己，少了一个爱人，人生的路，注定会寂寞。

其实，赞美很简单，只需不留痕迹的去赞美，既不张扬，也不刻意的渲染，只需在特定的场合，不留痕迹的赞美他人，便能让人如沐春风般享受。比如到朋友家做客，女主人询问您饭菜是否可口时，你不由自主地发出"哇"的一声，声音中充满赞叹。这样简简单单就能让辛苦烹饪的女主人喜上眉梢。

情景再现

故事一：

小妮是一个资深时尚杂志摄影，由于自我感觉有才情，平时总是走路昂着头，不把他人放在眼里。琳琳则是这家时尚杂志的记者。两人平时交情并不深厚，仅止于点头之交。

新一期的杂志，主编派琳琳去巴黎采访一个时装品牌的设计者，并告诉琳琳，可以挑一个摄影师一起同行。小妮做梦都想去出公差去巴黎。要知道，作为时尚都市的顶尖巴黎，可是女人的购物天堂。可是，令小妮头痛的是，平时和琳琳并不要好，反而另一个摄影师大鹏，和琳琳走得倒是很近。如果让琳琳选，琳琳一定带大鹏前往巴黎。于是，在公司里，小妮再见到琳琳，总是粘着琳琳说话，好像两个人是认识许久的老友。

在茶水间，小妮看到琳琳戴着银手镯，一把抓住琳琳的手，说这个手镯成色多么多么好，花纹如何如何精致，真是好眼光；在食堂遇到，小妮主动坐到琳琳身边，说琳琳真是会营养搭配，荤素合理；工作时，小妮又来到琳琳办公桌前，说刚刚看了琳琳写的稿子，真是要点一百个赞，文笔真好。

琳琳心知肚明，小妮挖空心思的赞美，都是在套近乎，痕迹太明显。琳琳在心中暗想，这种人实在太可怕了。不用人的时候，走路昂着头，想用人的时候，说尽了好话，虚假一览无遗。无论如何，也不能和这种人走的太近。最后，琳琳还是选择了和大鹏一起去巴黎。

故事二：

美国著名的人际关系学大师卡耐基，被誉为是二十世纪最伟大的心灵导师和成功学大师。然而，卡耐基小的时候，可是一个相当顽皮的小朋友。

在卡耐基很小的时候，卡耐基的母亲就去世了，家中十分贫困。于是，卡耐基的父亲又娶了一个女人。这位继母来自经济状况要比卡耐基家好上很多的家庭。

初次见面时，九岁的卡耐基被爸爸这样评价道："亲爱的，我希望你不要介意这个让人十分头疼的小孩，他可是全县最坏的小孩。说不定明天早上你起床后会发现这个小男孩又做出了什么坏事。真是让人防不胜防。"

卡耐基早就熟悉了爸爸的这套说辞，谁让爸爸说的都是真的呢。可是，让卡耐基感到意外的是，继母非但没有流露出嫌恶的表情，反而来到卡耐基的面前，蹲下来捧着卡耐基的脸蛋说："我不认为你说的是对的，他可不是全县最坏的男孩，他应该是全县最聪明的男孩，只是你还没有发现罢了。"继母的一番话，在九岁男孩的心里，温暖的流淌开来。

卡耐基的内心，仿佛是干涸的大地，被这番赞美浇灌之后，长出了嫩绿的幼苗。凭借着继母的赞美，卡耐基在日后创造了成功的28项法则，通过自己的努力研究，不断地演讲和写书，激励了无数迷惘的人，获得了斗志，取得了成功。

值得一提的是，卡耐基和继母的关系一直不错。因为继母的赞美，让幼小的卡耐基十分愿意接近继母。

义理解析

小妮的赞美，带有太多的心机，目的也很明显，因此赞美的痕迹一览无遗。非但没有拉近和琳琳之间的关系，还让琳琳看透了她的心思，从而更加疏远了她。像小妮这般集中式的赞美，带有急功近利的色彩，很难让人打从心眼里去接受。不妨换位思考，换做谁是琳琳，都会对这种平日里尾巴翘得高高、想要求人就拼命讨好感到厌恶。

痕迹太重的赞美，流露出难以掩饰的虚假，总是无法打动人心，只会让人产生重重猜疑。人们能做出的反应，就是疏远再疏远。在职场中被人厌恶，轻则办不成事，重则被穿小鞋，而混迹职场，单枪匹马怎么可能赢呢？

继母对卡耐基的赞美，看似无意之中安慰一个受伤的小男孩，却鼓舞了一个小男孩的斗志，让这个小男孩真的成为"最聪明"的男孩。于此同时，一句简单的赞美，也让小男孩愿意接近自己，无形之中拉近了两个人的关系。卡耐基的成长和成功，和继母最初的赞美不无关系。

不留痕迹的赞美，悄悄的在人心里植下了温暖，植下了希望，植下了美好。学会用赞美去激励别人，自然会让人心存感激。因为，你点亮了别人人生中的一盏灯。

出谋划策

一、侧面的赞美，效果总是最佳

你有过这样的经历吗？有一天你和朋友闲聊，这时朋友说："听某某说，你的品位特别好，所以她特别喜欢和你一起逛街买衣服，让你帮忙出谋划策。"这样从别人的口中，听到了另一个人对自己的赞美，比当面听到对方对自己的赞美，要赞上十倍。所以，我们也可以学会这个技巧。若是心中对某人的某一项技能确实佩服和赞同，不妨对共同认识的人，流露出你对某人的赞美之情。这样的赞美不但不留痕迹，而且也让听者在心里为你加分。

二、将赞美穿插在生活里普通的瞬间

赞美，往往都在两个人交谈中，或者一同共事，或者别人和你展示和汇报作品，在这些生活中的细节里，用心的去赞美。比如，当你的孩子举着学校里获得的小红花，你说一句："宝贝真棒！"孩子会扑到你的怀里，给你一个吻；当你的下属和你汇报某项成果，你说一句："我就知道你肯定能行。"下属会更积极，更卖力，更愿意主动和你分享成果，汇报工作；当你的爱人将一道佳肴端上饭桌，你说一句："果然是大厨，色香味俱全，这让我怎么离得开你！"爱人再劳累也会心满意足，下一次，你仍会享受到爱心满满的菜肴。千万别错过这些赞美他人的生活瞬间。

赞美的话要具体，一概而论只会让人觉得在敷衍

 开篇叙话

吉普林在《演说》中说："言语是人类所使用的最有效果的药方。"而在所有的"药方"当中，赞美又是最美最动听的语言。赞美可以修复嫌隙，可以赢得好感，也可以收获爱情。老子曰："美言可以市尊，美行可以加人。"也就是说，美好的语言，可以赢得别人的尊重。

但是，赞美也不是随口就可以有让人身心愉悦的效果。若在赞美对方的时候，总是泛泛而谈，没有重点，不但让人感受不到愉悦，还会让人觉得你是在敷衍，从而对你的印象大大减分。好比你穿了一件新衣，满心欢喜地询问朋友的意见，朋友头都没抬，看都没看，随口说一句"好看"。这种敷衍的赞美，自然会让人心里十分不舒服。

赞美要落到实处，落到细节。人与人之间的态度是相互的，言辞往往能够反映人的心理，敷衍的态度，给人以不真诚的印象，让人很难再和你推心置腹的交心。像"听您一番话，真的令我受益匪浅"；"您头脑灵活，一看您就是充满智慧的人"；"您太有气质了，我已经完全被征服了"，这样的语言都是赞美得比较具体。与其漫不经心的敷衍，倒不如不去赞美。在人际关系复杂的关系网中，敷衍的赞美非但无法成为融洽关系的调和剂，还变成了判断一个人是否值得交往的标杆。所以，赞美的话说得具体，更具备真诚与感染力。

情景再现

故事一：

有一个姑娘，长相出众，追求者也不在少数。可姑娘却偏偏对单位里的一个小伙子动了芳心。小伙子各方面条件都不错，姑娘觉得，若小伙子向她示爱，她一定会毫不犹豫地答应他。

有一次，姑娘在茶水间听到小伙子和单位里另外一位年轻的女同事在聊天："这件衣服也就穿在你身上，才会穿出最佳效果啊！直接去戛纳走红毯，绝对盖过明星。"姑娘转身离去，黯然神伤。她觉得，小伙子肯定是喜欢那位年轻的女同事。只有喜欢，才会如此赞美。

过了不久，小伙子在单位的邮箱里私信问姑娘要不要下班一起去吃饭看电影，并向她袒露心迹。姑娘心花怒放，精心打扮了一番，欣然赴宴。

席间，小伙子巧舌如簧逗姑娘开心，姑娘一直笑着合不拢嘴。小伙子说："你这身衣服真漂亮，也就穿在你身上，才会穿出最佳效果啊！直接去戛纳走红毯，绝对盖过明星。"听到这似曾相识的赞美，姑娘的笑容僵在了脸上，再也说不出一句话。相同的赞美的话，能够重复用在两个人身上吗？那么感情，是不是也可以等量的用在两个人身上呢？如此敷衍，怎可共度一生。

至此，小伙子被列在了姑娘的黑名单里，自己却全然不知为什么会如此。

故事二：

《红楼梦》中，林黛玉母亲去世，于是去了京都自己的祖母家。凤姐初次见到林黛玉的时候，说了这样一段话："天下真有这样标致的人物，我今儿才算见了！况且这通身的气派，竟不像老祖宗的外孙女儿，竟是个嫡亲的孙女，怨不得老祖宗天天口头心头一时不忘。只可怜我这妹妹这样命苦，怎么姑妈偏就去世了！"说着，用手帕拭泪。

贾母笑道:"我才好了,你倒来招我。你妹妹远路才来,身子又弱,也才劝住了,快再休提前话。"王熙凤听了,忙转悲为喜道:"正是呢!我一见了妹妹,一心都在她身上了,又是喜欢,又是伤心,竟忘了老祖宗,该打该打!"

王熙凤此话一出,不仅赞美了林黛玉的美貌惊人,又夸赞了老祖宗气质非凡,都夸到了点子上,一举两得。而她之所以年纪轻轻,就在大观园中如鱼得水,接管各种重事要事,也是和她会说话,会赞美,不无关系。

义理解析

故事一中小伙子的随口称赞,在姑娘的耳里,已是听到的第二遍。首先是态度值得人去推测和怀疑,继而就会让人揣测到这个人的人品有问题。印象被人减成负分,自己却还不知发生了什么。小伙子也许并没有玩弄感情,但是,竟然用相同的话去赞美心仪的姑娘,自然失去了姑娘的芳心,与一段美好的感情擦身而过,令人扼腕惋惜。

谁能料到,赞美也会出错,小伙子看似聪明,却将赞美变成了搬起石头砸自己的脚。这种耍小聪明的表现用在生活中,会成为自己人际关系的一道障碍,难得人心,更难以交心。不仅在爱情中让人觉得虚情假意,在朋友、同事当中,也显得虚伪做作。

《红楼梦》中的王熙凤凭借一张巧嘴,善于赞美,赢得老祖宗的欢心,在大观园中掌握重权。面对不同的人,赞美的话语不同,赞美的角度不同,会让人感受到,确确实实发自内心的赞美,而非敷衍。

赞美要详细具体,要因人而异,突出个性,有特点的赞美比一般化的赞美能收到更好的效果。老年人可以称赞他引为自豪的过去;对年轻人不妨语气稍为夸张地赞扬他的创造才能和开拓精神;经商的人,可称赞他头脑灵活、生财有道;对于知识分子,可称赞他知识渊博、宁静淡泊。巧妙的赞美他人总是会给自己加分,不当的赞美却会给自己带来麻烦，产生隔阂。也许一句不当的赞美，让人察觉出你的态度有问题，看出了你的敷衍，你的人生就失去很多重要的机遇，断送了通向美好人生彼岸的桥梁的机会。

出谋划策

赞美，是语言当中的艺术。与其说赞美是用话语来表达，不如说赞美是一首优美的曲子。音符音调都要精准，才会奏出动人的曲子。怎么才能让人觉得自己的赞美不是在敷衍，而是出自真心呢？

一、赞美要挑重点，不人云亦云的去赞美所有

春天万物复苏，花香四溢的季节，冯唐却说："春风十里，不如你。"人们都在赞美春风的时候，冯唐却用春风赞美姑娘。哪个姑娘能不动心？这大概是赞美姑娘的最高级别了吧。

所以，当别人都在赞美同一件事，同一个人的时候，那么你再去赞美，毫无新意不说，也让人味同嚼蜡。不仅起不到好效果，反而让人觉得你有敷衍之意，人云亦云。当别人都在赞美一个人字写得好的时候，你可以去夸主人的笔很好，眼光独到。

二、细致入微的赞美，才能深入人心

如果有人让你点评一下自己的发型，你说"好看"；如果有人让你点评一下自己的文章，你说"写得真好"；如果有人让你观赏一下自己的珍藏品，你说"真精致"。换位思考，如果你是对方，听到如此评价，虽是赞美，可是却笼统而宽泛并不具体，总会觉得这是在敷衍。

因此，如果你真的觉得好，一定要细致入微的去赞美。比如对于发型，你可以说："这个发型很适合你的脸型，显年轻不说，也很典

雅，有气质。这件衣服也搭配得好，这发型干净利落。"如此一来，不管对方是谁，都会开心。也只有这样的赞美，才会深得人心。

过分赞美会给人"拍马屁"之嫌

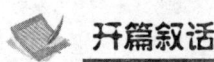 开篇叙话

  每个人都爱听赞美的话，这无可厚非。众所周知，适当的赞美，可以取悦别人的身心，可以得到美好的感情，可以获取一定的利益。然而，赞美也有度，把握不好这个度，过分的赞美，效果会适得其反。

  如果你总是在同一件事上赞美一个人，或说同样的话来赞美别人，第一遍的时候，听到赞美的人会很开心；当听到第二遍的时候，已无第一遍听说时那般有新鲜感和开心了；当听到第三遍，第四遍，甚至第十遍的时候，不但不会再像起初那般愉悦，也许会在心中生出一股厌恶和腻烦，甚至开始怀疑你是否别有心计，动机不纯。这就是著名的边际效应递减原则。

  从古至今，"马屁精"都不是什么好词。拍马的目的就是为了骑上这匹马，带有明显的目的性。阿谀是猥琐的，其目的也是为了得到赏识和好处。古往今来，大家都善于用"马屁精"来形容那些阿谀奉承、趋炎附势的人。这种人往往也让人联想到"小人"，比如皇帝身边的太监，善于奉承领导的小职员等。

  所以，赞美也要把握好尺度。尺度把握不好，过分的赞美，就会成为不折不扣的"马屁精"。一旦戴上了"马屁精"这顶帽子，注定在同事的圈子里，你会被冷落，在领导眼里，你华而不实。久而久

之，你给大家的印象，也只能是虚假的伪君子了。

情景再现

故事一：

公司里来了一个新员工，为了适应新环境，能在公司里混得风生水起，这个新员工想尽了办法去套近乎。

有一天，大家一起在员工食堂吃饭。这时，领导老林也端着饭盘走了过来。大家纷纷站起来，说领导今天是体察民情吗？和大家一起吃。老林笑呵呵的说，适当的也要参与到民众中间嘛。新员工一看，第一次和领导这样近距离的接触，一定要想出来点儿好话来赞美一下领导。

新员工说："领导长得真年轻啊！又帅气又年轻。"老林哈哈笑了起来，开心地说："是吗？那你猜猜我的年龄，我看你看得准不准。"新员工说："看您的相貌，也就五十出头吧。"老林脸色一阴说："你猜错了10岁。"新员工说："我就说嘛，您也就五十出头，完全看不出来，您已经是六十岁的人啦。"大家哈哈大笑，老林也跟着尴尬的笑笑，脸上有点挂不住。自己四十出头，被别人猜成五十岁还不算完，竟然说到了六十开外。

新员工完全不知自己拍马屁已经拍到了马腿上，还和大家一起哈哈笑起来。老林匆匆吃完饭就离开了。从此同事都将此事作为笑柄，也把新员工当成了一个智商不足的马屁精。

故事二：

商场中有一个十分会卖衣服的售货员，她的店铺回头客格外多。

每一位顾客试穿衣服的时候，售货员都会真诚地给予意见，并给予夸赞。比如，一位身材很胖的女士前来试穿衣服，售货员就会推荐她深色的衣服："深色的衣服不仅显瘦，还很搭您高贵的气质，尤其是这款设计，把您白白的皮肤衬得更好。"一位胸部较平的女士来买

衣服时，售货员就会说："这款衣服适合您瘦削的身材，您本身就是清纯可人的类型，穿上这款，更显年轻。"如果身材较矮的女士来买衣服，售货员就会说："这款短裙会显得您腿比较长，适合你这种娇小可爱类型的女士。"

售货员根据每个人的特点，适当的赞美了消费者，也赞美了自己所卖的衣服，让人一边心甘情愿的倾囊购物，一边还十分开心的感谢她。这就是卖货的秘诀："看人下菜碟"地去赞美。

义理解析

新员工不恰当的赞美，给自己戴上了一顶"马屁精"的帽子，以后想要摘掉就会十分困难。职场上，也很难再受到领导重视，毕竟不会说话的人，就算能力再高，情商也不会太高。

售货员的"看人下菜碟"式赞美，一是用心去赞美，二是掌握好了赞美的度。根据不同的人不同的特点去赞美，实事求是的去赞美，会让人感受到你的真诚。比如，顾客虽然胖，但肤白是真的，那你就去夸；顾客虽然平胸，但身材苗条是真的，那你就去夸；顾客虽然矮，但娇小可爱也是真的，那你就去夸。这样的赞美，怎么也不会出错。自己的业绩上去了，钱也赚到手里，别人开心了，自己也开心。人生怎么能够不美好呢？

赞美不是阿谀拍马溜须奉承。赞美应该是人们交际之间的一种情感的真诚交流，是表达自己的欣赏并给他人带去愉悦和积极的情绪。赞美传达真诚和爱，从而激起对方的喜悦，给对方带来欢乐。

赞美也需动脑筋思考，如何去赞美，如何能夸到人心窝里去。赞美时，切忌过分赞美，切忌重复赞美，也不要给人留下马屁精的印象。否则，赞美就失去了美好的意义，得不偿失。

出谋划策

掌握好赞美的度，要把握好技巧而巧胜他人，将赞美的话说得圆满而滴水不漏。怎样才能做到这些呢？

一、不要过分的修饰和夸张的去赞美，实事求是才重要

所谓实事求是，就是你所夸赞的对方，确确实实的存在着长处和优点。你的赞美，是找到了他人的亮点，是锦上添花。如果是你凭空说出来的赞美，他人身上并无此长处和优点，那就是画蛇添足，毫无意义。每个人都有自知之明，每个人也都知道你的夸赞是否真诚。凭空的捏造，过分的修饰，夸张的称赞，总会让人怀疑你的动机是否纯良，是否别有用心。尤其在职场中，对领导拍马屁的马屁精大有人在。当你在所有人眼中，成了"马屁精"的时候，大概也就是你成为他人"眼中钉"

的时刻。什么时候在职场中被人除去，你实在是无法估量。

二、对症下药，赞美他人要先发现他人的长处

每个人都有不同的性格，但每个人几乎都有一个共性，就是希望得到别人的赞美。连著名诗人泰戈尔也说："赞美令我惭愧，因为我暗自乞求得到它。"所以，每个人都需要被赞美，只是你赞美的角度，赞美的位置，对不对。错误的角度和位置，终将会导致错误的赞美。

即使是街边的乞丐、目不识丁的清洁工、身份卑微的庄稼汉，身上都会有着或大或小的优点。你只要用心，就会发现他人的长处，找到赞美的切入口。有如"对症下药"，赞美也要找对切入口，才能恰到好处，从而避免了无意之中变成"马屁精"的嫌疑。

经典箴言

1. 塞·约翰逊曾经说过这样一句话语："赞美，像黄金钻石，只因稀少而有价值。"频繁的赞美不但不能起到增进彼此感情的功效，反而会使你被对方误以为沽名钓誉的阿谀奉承者，甚至对你产生警惕、戒备等不良感觉。因此，赞美的话语并不在多，而在夸到点子上。

2. 俗话说："好钢用在刀刃上。"夸人夸到点子上，也就是要投其所好，该夸奖的时候进行称赞，不该夸奖的时候一定不要浮夸。除此之外，还要掌握好称赞的火候，太过则适得其反，太轻则无济于事。

3. 美国《幸福》杂志下属的名人研究会的研究结果表明：人际关系的顺畅是事业成功的最关键的因素之一，赞美也是处事的关键必修课之一。研究表明，如果你懂得怎样去赞美他人，再加上你拥有聪明的头脑和才智，还拥有脚踏实地和认真的精神，就相当于你的事业已经成功了一半。

第五章

拒绝太直接，
既伤面子又伤里子

喜剧大师卓别林曾说："学会说'不'吧！那你的生活将会美好得多。"哈佛大学曾做过一项调查，在对一千人的3年追踪调查中发现，若一个人学会婉转而合理的拒绝，会在生活中减少98%以上的麻烦，也能够在很大程度上减少浪费个人财富。然而，想做个有求必应的好好先生或好好小姐并不容易，人们的要求永无止境，往往是合理的、悖理的并存，如果当面你不好意思说"不"，轻易承诺了自己无法履行的职责，将会带给自己更大的困扰和沟通上的困难度。因此，拒绝是我们人生的必修课。

直接拒绝对方的要求，伤人又害己

 开篇叙话

我们在生活当中，总会遇到各种各样的请求和希望，自然不能够为了迎合每一个人而接受每一个请求，也并不是时时刻刻都要拒绝他人的请求，那样就会形成自私的性格，自己也成会孤立无援。但有些要求，我们确实很难做或做不到，所以必须拒绝。在拒绝的时候，我们怎样说才不会伤了和气呢？

大多时候，人和人之间微妙的感情变化都是因拒绝不当而引起的。同事突然不理你了，是不是你直接拒绝了和他换班？妻子对你冷淡了，是不是你直接拒绝了送她昂贵的礼物？朋友疏远你了，是不是你直接拒绝了他的某个要求？

我们可以不必面面俱到，可以去拒绝他人的不合理请求。但是，前提条件是必须学会拒绝，学会不伤人又害己。直接拒绝对方，往往没有什么好效果。唯一的结果就是你不用帮对方的忙了，也许以后也都没机会了，因为你不当的拒绝方式已经得罪了对方。

把拒绝当作一门技术，运用好这门技术，就能让你在人际交往当中解脱于被动，不用增加不必要的烦恼。

情景再现

故事一：

小张和女友芳芳恋爱两年多，他决定带芳芳回家见父母。接下来两个人就是修成正果，谈婚论嫁的流程了。于是，小张借父亲过生日之际，将女友芳芳邀请至家中。

小张父母初见芳芳，很是热情。饭桌上，小张的妈妈给芳芳倒了一杯酒，说："来，芳芳，希望你们两个好好相处，有好的结果。"芳芳立刻说："我不喝酒，我爸告诉我女孩子在外面不能喝酒！"

这时，酒桌的气氛凝固了。小张妈妈端着酒杯的手停在半空中，无处着落。芳芳却一脸无辜的表情望着男友，不知道自己哪里做错了。小张一脸尴尬，接过妈妈手中的酒，说："我喝。"这顿饭吃得各怀心事。

之后，小张向芳芳提出了分手。任芳芳怎么哭闹和挽留，小张都没有回头继续这段感情。

故事二：

庄子向监河候借钱，监河候不想借给庄子，于是笑呵呵地对庄子说道："好，等过一段时间啊，等我去收好了租，再借给你。"

庄子听后，心里早已经明白了个大概。监河候的意思就是：一，我没说不借给你；二，我现在没钱；三，过一段时间，大概是过多久并没有明确的具体的时间。所以，这等于给庄子开了一个空头支票。庄子当然明白监河候的意思，他是在委婉地拒绝自己。

义理解析

英国哲学家阿瑟赫尔普斯说："说出拒绝的理由时，别忘了为未来的所要留下余地。"芳芳的直言不讳直接伤害到了小张的父母，给人以不尊重长辈的感觉；也间接伤害了小张，作为小张，一面是父母，一面是女友，让父母难做，自己心里自然不好受，而直接导致的结果就是两个人的感情破裂。芳芳因为一个直接的拒绝，就失去了挚爱，带来如此大的痛苦，追悔莫及也再难改变局面。那么在拒绝之前为何不三思呢？直接拒绝，定会伤人害己。

若芳芳说："阿姨，这杯酒我很想喝，可是身体状况不佳，喝了会让父母担心。让小张代我喝吧，替我表达对二老的敬意，也祝伯父生日快乐。"我相信，小张的父母一定会很开心这样被拒绝，小张也会感觉很有面子。这样的拒绝方式是有教养和智慧的表现。

监河候很有智慧，若他直接和庄子说"我没钱"或"不想借"，庄子一定会尴尬地调头就走。两个人也没什么今后的交往可言了。但监河候心里揣着明白装了个糊涂，给庄子打了空头支票，让聪明的庄子一下子就明白了当前的状况。庄子自然也不好再说什么。

生活中，我们也会遇到被借钱的状况。有些时候，被借的钱甚至是有去无回。但借钱的人借钱时各种承诺各种要求救急，我们有时一心软就借了。过后，自己的血汗辛苦钱要不回来，悔恨得要死，也对借钱的人恨得牙痒痒。有的人甚至因此毁了人生，钱财散尽，妻离子散。所以，我们一定要学会拒绝对自己产生障碍和影响的要求，避免不必要的烦恼。

出谋划策

一、抓住对方的心理所想，更能有效的拒绝

你会发现，有些人是不喜欢张口求人的，来求你时，张口困难，表情也是犹犹疑疑。对这种人，我们往往要以真诚的态度对待。如果真的不能够帮助对方，只要将原因如实相告，对方一定会理解。有些人是喜欢张口就求人，且因为习惯性的要求，不会认为这样会给人造成影响和麻烦。这样的人就算你如实相告，对方还是会觉得你只是不愿意帮忙而已。对于这样的人，你就要想策略，委婉的打哈哈，或者含糊其辞的回避，尽量不从正面去拒绝。

二、不要因自己的拒绝而堵死一条路

人处在社会当中,你也会有请求他人帮忙的时候。我们虽然想要拒绝眼前的人眼下的要求,但要想到日后,若我求人帮忙时,该怎么办。所以,再说出拒绝的理由时,别忘了为以后做好铺垫。比如说上一句:"日后有什么要帮忙再和我说,我尽力。这次真的抱歉。"让人感觉到,我们来日方长,日后还有各种交集和交往。如此一来,就给自己留了条后路。

三、不要带着情绪去拒绝

不要带上自己的情绪去拒绝。哪怕你内心里觉得对方无礼,感到厌烦,也不能表现在脸上。要知道,表情是人的另一种语言。即使你婉言拒绝,并不伤害人,但你厌恶对方的表情表现了出来,同样也会伤害到人,令人感到尴尬和难堪。甚至会对你产生偏见,日后成为敌对。拒绝的同时,将表情表现出抱歉的样子,比说出来的抱歉,会好上许多倍。

绕个圈子拒绝,给对方留足面子

  开篇叙话

"今晚有安排吗?有个急活儿,留下来加个班。"如果你的上司在你猝不及防的时候这样问你。

"喂,周末帮我去机场接个兄弟怎样?"如果一个交情不深又总爱来求你帮忙的人,又一次这样给你打了个求帮忙的电话。

"下班后去喝一杯怎样?"如果在你身体不舒服想要赶紧回家休

息的时候，公司里的前辈偏偏这时候伸出橄榄枝来约你。

"请给我一次机会，我会努力作出成绩。"如果你作为一个决定别人命运的面试官，正面对着一个能力并不出众的面试者。

"妈妈，我想要在生日的时候坐上飞船去环游世界。"如果你为人母，面对如此天真无邪的请求。

上面所述的情况，每个人都会遇到，这时的你怎样回答？无论是支支吾吾的为难犹豫，还是顺从心意地一口回绝，大概都会让人与人之间的关系纽带变得微妙吧。甚至有可能让简单的关系变得复杂，让未来的道路变得曲折。

扪心自问一下，你会温柔的拒绝吗？会智慧的拒绝吗？会让人舒舒服服的被拒绝吗？在拒绝一个人，拒绝一个要求的时候，不妨绕个圈子去拒绝。绕个圈子，就会给对方留足了面子，给自己留足了斡旋的余地，也给两个人的关系留足了可发展的空间。

情景再现

故事一：

有一对年轻人，男才女貌，非常般配。在外人眼里，他们只差水到渠成步入婚姻的殿堂。可是，天长日久，女孩却越来越想离开男孩。

有一次，女孩在没通知男孩的情况下，买好了两张电影票，准备给男孩一个惊喜。她下班后直接来到男孩单位门口等他，男孩下班知道女孩的来意之后，想都没想直接对女孩说："不行，今晚要和好哥们吃饭。"她还未开口解释，男孩就又接着说道："谁让你不早点告诉我呢！"女孩尴尬地张张口，什么也说不出来。

在接下来的日子里，她发现男孩这样拒绝自己的例子数不胜数。她想去游乐场，她想要一个米奇布偶，她想让他见自己的父母，她想让他来接自己下班……大多时候男孩都会对她提出的要求一口拒绝。男孩的理由很简单:"我们在一起的日子还长着呢,难道我能满足你的每一件事?若是件件都答应,有一件不答应你都会不满意吧。"女孩苦笑,从开始的委屈,到最后渐渐心凉,终于向男孩提出了分手。

故事二:

艾路丝是一家公司的人事总经理。在她的工作生涯当中,面试过无数的面试者。能力不强却自信无比的,有才华却容易紧张而无法正常发挥才能的,也有空有一张嘴而口说无凭的。当然,最后能被留下来的,基本都是优秀者。可是,面对那些被拒绝的面试者,该如何拒绝才好呢?

开始的时候,艾路丝觉得拒绝一个面试者是工作当中最难的部分。比找到一个合适的优秀人才,还要艰难。因为随着拒绝而来的是失落和悲伤。这种感觉,就像某颗种子死在了自己的手上,那是一颗叫希望的种子。内心的慈悲和善良,让艾路丝的内心充满了内疚感和负罪感。

后来,艾路丝遇到了一个面试者,终于在这个面试者的身上学会了如何拒绝。

这个面试者因过度紧张,满腹经纶却无法准确完整地表达自己。艾路丝面露微笑,尽量让面试者平复紧张的情绪。但很显然,面试者磕磕巴巴,不停地用手背擦汗。他大概并不适合这个社交和技术相结合的职位,总不能和客户交谈的时候,也露出如此紧张的情绪来。艾路丝开始在脑海里想如何给这位面试者写拒绝信。

最后,艾路丝在给这位面试者的信中这样说到:找到你在社会当中让你舒服得位置,比找到一份工作赚得一份工资,更为重要。也许你现在需要的是一份工作,但适合自己的舒服的位置,让你愉悦,并找到自我价值。同理,不舒服的位置,会渐渐迷失自我,会麻木如行尸走肉。如不善于交际,何不做一份技术性更强一些的工作?上帝从不要求一个人需要面面俱到的优秀,上帝只会给你留下一扇扇需要自己动手去开启的大门。

几个月后，艾路丝收到了年轻人的回信。信中说，虽然自己是被拒绝的，但却点燃了他心中另一盏希望的灯。借着这盏灯的光芒，他已经找到了适合自己的工作，并如鱼得水，十分快乐。

艾路丝如释重负，因为她终于学会了如何不伤害地拒绝别人。那就是，左手去拒绝，说不的同时，不妨在右手里塞一把希望的糖果，让被拒绝的人甘之如饴。

义理解析

恋人之间，虽不是每件事都要答应对方，但对方有要求，你又确实做不到的时候，你可以温柔而婉转的，告诉对方："亲爱的，体谅我一下，跟好哥们先约好了，明天陪你看电影好不好，再赔你一块蛋糕。"如此春风化雨，既能委婉的拒绝，又能保持好爱情的温度，好的爱人，都会理解。而冷言冷语的拒绝，终会错过美好的爱情，有时候一旦错过，就是一生。人的一生，会遇到几个对的人？会有几段相爱至深的情？只因为不会拒绝，伤了爱人的心，而这样失去了爱情的人生，到头来只会充满无限的遗憾和悔恨。

而像艾路丝这样的工作，也许不是我们每个人都有机会做。但早晚有一天，你会成为前辈，你会成为师长，你会成为老者，如何对待自己的后辈和后代，也是我们该学习的课题。懂得如何绕个弯子去拒绝，在某种程度上，也透露出一个人是否有智慧，是否有德行。人生的路，也会走得更坦然和心安。

为了不影响人际关系，在拒绝某人的提议或观点时，如果采用绕个弯子的方式，就会照顾到被拒绝方的面子和情绪，有效化解人际交往中潜藏的危机。

绕个圈子，费点儿力气，花点儿心思，别让不会说话在无意之中害了自己。绕个弯子，给对方留足面子，给自己留足了后路。别让不会拒绝，伤了人与人之间的和气；别让不会拒绝，害了自己的一生。

出谋划策

有时候，拒绝一个人的时候，确实是我们最为难的时候。但说出的话，总是留有痕迹的。顺耳的话语，就像春风一样从心房穿堂而过，漾起一片温柔的涟漪，舒畅无比；直言的拒绝，就像寒冬腊月的北风在心房里回旋，寒意浓浓，难以驱散。会说话，会拒绝，也就是会处世，会交际。如果你觉得难，不妨从以下几点做起。

一、给彼此缓冲的空间，不要立刻去拒绝

当别人提出要求，立刻拒绝的时候，似乎往往都伴随着浓重的情绪。"不行"、"不可以"、"不会"这些词汇和字眼，总是有些不留情面。而提要求的人，若是敏感的人，大概前思后想才会和你张口，而你的一口回绝，很容易让人无地自容。

不妨在你想要拒绝的时候，给彼此一些缓冲的空间和时间，比如态度温和的说："让我考虑一下"、"等我忙完手中的工作给你答复"、"我和某某商量之后再告诉你"……这样一来，对方也会察觉出你或有难处，不能立刻答应。

比如，你的孩子满眼期待的提出一个美好又不切实际的要求时，你的一口回绝，也许会扼杀一个美好的想象和梦境。可以告诉她，等她长大后，自己有能力时，再去实现这个美好的愿望也不迟。

二、给对方一个充分而完整的理由，让被拒绝的人感到舒心

当我们真的必须要拒绝的时候，不妨给对方一个充分而完整的理由，让对方觉得自己的确是有更重要的事情，而不得已拒绝了自己。

比如被朋友要求去机场接人的时候，如果自己真的没有空闲，可以真诚的说明自己当日要做的事情，比如陪待产的妻子做产检，回老

家见见久未相见的双亲，我想，这样的理由，很容易就会被人接受。等下次见面，再真诚的道歉，也就给对方留足了面子。

三、真诚的给予一定的承诺，会有很好的效果

在拒绝一个人之后，往往对方也会多多猜想。难道我们之间的关系不够铁？难道我说的话没有分量？难道私下里对我有什么意见？这样的猜想，很容易让两个人之间产生隔阂和矛盾。

所以在你委婉的拒绝之后，不妨许出一定的承诺，来消除对方的疑惑和猜想，来消除隔阂。比如，在你身体不舒服的情况下被前辈约去喝酒，不妨真诚的告诉前辈身体状况不佳，等周末，在家里备上一桌酒菜，约上前辈一家，好好热闹一下，两个人也好好喝上几杯。这样的承诺，会让人感受到你的诚意，而不会多疑，也给对方留足了面子。拒绝，就变得不再那么难以启齿。

直接说"不"，是不成熟的表现

 开篇叙话

我们说"不"的时候，总是带着撒娇，带着任性。因为我们知道，面对说"不"的人，我们可以撒娇可以任性，对方仍会包容。这样的人，在这个世界上并不多，只有父母和爱人。然而大多数时候，我们不能够直接说"不"，因为在交际圈中，在名利场里，没有太多的人可以这样娇惯、包容我们，给我们有随意说"不"的权利。

对老板直接说"不"，也许你会失去一份工作；对朋友直接说

"不",也许你会失去一份友情;对客人直接说"不",也许你会失去赚钱的机会;就算是爱人,你直接说"不",对方也许就会找一个对其说"可以"的人。

众所周知,拒绝有很多种方式,而直接说"不"是最失败的一种。怎样拒绝的合理、适时、妥帖,这就要考验我们处理复杂人际关系有多成熟、精炼,也是我们能在职场的道路上走多远爬得多高的一个标杆。所以,恰当的拒绝,是我们成熟路上的必修课。

情景再现

故事一:

一位僧人撑伞走在雨中,路过一屋檐时,屋檐下一个正在避雨的人对僧人说:"大师,带我一程吧,普度一下众生。"

僧人说:"我在雨里,你在屋檐之下,屋檐之下没有雨,你不需要我度。"

那人立即跳了出来,站在雨中,又对僧人说:"现在可以度我啦,我在雨中。"

僧人说:"你我都在雨中,我没被雨水淋是因为我有伞。你若不想淋,请自己寻找雨伞去。"僧人说罢离去。

故事二:

在一次外交会议当中,其中一方领导人询问另一方领导人说:"下一次会议,我们选取地点的想法是在XX召开。不知贵国同意与否。"

被询问的一方领导人并不着急作答,毕竟这是重要的外交。他思量了一番说:"那里饭菜不是很好吃,上次去住的宾馆,也有点糟糕。"

对方一下子就明白,这位领导人不同意在那里举行会议,于是又提议另一地点。

这时,被询问的一方领导人连连点头说:"那个地方不错,水果十分好吃。到现在我还对那里的芒果念念不忘。"

义理解析

俗世之人,遇见僧人便觉得,被帮助是应该的。然而,僧人却很好地拒绝了怀有这种思想的人。僧人用鼓励的方式拒绝他人的请求,而非直接说"不"。鼓励,即让对方明白,有些事可以不求人,有些事可以自己寻找解决方法,自己能解决的,为何还要麻烦别人呢?

这一招尤其适合教育子女或后辈。直接说"不"去拒绝,并不能解决对方提出的要求,也不能满足对方的心理。甚至会让对方出现逆反心理,此后对你敬而远之。有些父母,就是这样和子女从心理的距离上越走越远,矛盾越来越深。所以,一边鼓励,一边拒绝,既完成了教育,也合理地拒绝了请求,一生受用。

作为外交官，或者领导人，代表的是一个国家的整体形象。一言一行都会引起重要的影响。如果这位领导人直接说："不，我不想在那个国家开会。"那被拒绝的国家会怎么想呢？引发一场战争，产生出隔阂，都有可能。这位聪明的领导人从小事上说起，饭不合口味，宾馆不满意。听起来像是一个矫情的人，在抱怨生活细节上的不满，无关他人紧要，跟国家更没关系。其实已让对方明白了自己的真实意图。

平等互利是现代人际关系中非常重要的原则，但也不是一味忍让，有时候一方适度的拒绝会凸显出自己的原则和分寸，更容易建立和谐而互惠互利的人际关系。这个适度就是得运用方法或技巧，让拒绝不那么生硬，那么难以让对方接受，有利于维持双方和谐关系的长远发展。

拒绝就是违逆对方的意见或决定，本身就会让别人不愉快。如果能灵活地采用合适的方法，就会把这种不愉快降低到最低程度，减低对方的不满，把双方不和谐的程度降到最低，不会留下人际关系的隐患。

出谋划策

将"不"字说出去，就很难再改回来。所以，我们要把"不"等量代换成其他语言，其他句式，甚至其他表情，以免铸成难以挽回的遗憾和错误。

一、用啰唆让对方明白拒绝之意

对方提出请求，你又不能答应只能拒绝的时候，不妨将理由和托词说得长一些，哪怕让对方觉得你在啰唆。比如，好友找你去一个高级会所做瑜伽，费用高你也没时间，你就可以这样和好友说："我家孩子最近不知为何，学习成绩一直下降，学校老师也找我谈话，老师还觉得是家长不上心，对孩子管理疏忽，你说我可以怎么办啊，这段时间，我可得看好他……"对方一听，就是你没时间也没心情去什么高级会所做瑜伽,也就不好再说什么了。反过来,你要直接说"不",后果可想而知。

二、暗示来做委婉托词

有时候,委婉地暗示对方自己不想答应他的要求,也是可行之法,比直接说"不"来拒绝,更能保护自己的利益,又不伤彼此间的和气。比如,当女孩子遇到自己没感觉的男孩子向自己示好时,可以当作闲聊和男孩子说自己喜欢的男孩子是怎样怎样的。聪明的男孩子一定会和自己对比,发现自己不是女孩子所喜欢的类型,也就作罢了。女孩子这样用暗示来拒绝,既保护了对方的自尊心,也使自己免于困扰。比直接说"不"要婉转得多,也更能让人接受,何乐而不为。

经典箴言

1. 叔本华在《附录与补遗·忠告与格言》中说:"如果我们举止有礼、言谈有善,我们就能粗暴地对待许多人而安然无恙。"只要我们说的方式机智,得当而合理,即使是"粗暴"地拒绝他人,也会让被拒绝的人毫无怨言。

2. 人际之间,若能凡事多为他人着想,多给别人留一些余地、一些包容、一些方便、少一份拒绝、少一点难堪,必能赢得别人的爱护。反之,一个人如果总是轻易的拒绝一些因缘、机会,久而久之自然就会失去一切。因此,做人不要轻易拒绝别人,而要能随顺因缘,如此必能拥有更多学习、成长的机会。

3. 当你开始说不的时候,态度必须是温和而坚定的。好比同样是药丸,外面裹上糖衣的药,就比较让人容易入口。同样地,委婉表达拒绝,也比直接说"不",让人容易接受。

第六章

管不住自己的嘴，无疑是自讨没趣

托尔斯泰说："把自己体验到的感情传达给别人，而使别人为这感情所感染，也体验到这些感情。"说的是好的体验，好的感情。那么在我们的生活、工作中所遇到的不好的体验，不好的感情，我们就千万要管住自己的嘴，不要轻易说出来。因为这往往传达给别人的是厌恶，是矛盾，是恶果。所以，不想给自己自讨没趣，就要先管住自己的嘴。

想到什么就说什么,小心飞来"口"祸

 开篇叙话

在这个网络发达、充满戏谑的年代,人们习惯了有不满时直接宣泄,有意见时直接表达,把敢说敢言当个性,把能言巧语当资本,以逞能的姿态赢得"掌声"和"追捧"。尤其是近年来,网络上的每一个人似乎都戴了一张面具,大家都在追求"言论自由",想到什么说什么。其实,这样的做法早就给自己的人生暗暗埋下了炸弹。

老祖宗给我们留下的真理是:"三思而后行",而我们今天,一定要"三思而后言"。有多少公众人物因为说错了话,继而走下人生的巅峰,急转直下跌入低谷。我们实在不知,在这个纷繁复杂的社会,自己无意说出的一句话,会造成怎样的影响。虽然我们不是公众人物,但我们需要正常的生活,需要认真的在职场中摸爬滚打,也需要处理好人际关系。所以,切莫想到什么说什么,引起"口"祸。

在职场中,明枪易躲,暗箭难防。想到什么就说什么的人,往往过得都很惨,易招惹职场小人。职场当中,没有永远的朋友,也没有永远的敌人,只有永恒的利益关系。我们一定要管好自己的嘴巴,给自己留条后路。

情景再现

故事一:

常征是一家公司的项目负责人,有一次接待外地来参观场地进行投资合作项目的代表。约定好的时间是上午十点钟。可是到了十点半，代表还没到场。常征很急。

他打电话给公司，问对方有没有联络过公司，公司那边回应说没有。常征有些激动，大声说到："这是什么意思嘛！难道是放我们鸽子不来了？不来也不说一声，太差劲！"

挂了电话的常征，还沉浸在气呼呼的情绪里，一转身，看见外地来的代表就站在门口。他说的话全部被代表听到耳朵里。常征面红耳赤，恨不得找个地缝钻进去。

这时外地代表解释说自己因人生地不熟就迷了路，所以耽搁了时间。常征想到自己在外地也经常找不到路，羞愧得不能自已。

故事二：

王立是一家公司的老板，曾与三五个十分要好的朋友一起创业，一起从最艰难的时期过来，所以彼此有惺惺相惜之意。大家即使平日再繁忙，都抽出时间来聚聚，喝喝酒，聊聊天。

牛凡是他们当中最先起来赚了大钱的老板，可是最近公司资金周转不灵，被迫宣布破产。老婆不堪忍受巨大压力，也带着女儿去了外地，留给他一张待签字的离婚协议。

大家见牛凡一蹶不振，就想见见面喝喝酒劝劝牛凡。于是三番五次把牛凡从家里拽了出来。谁知王立三五杯酒下肚，便开始讲起他最近的生意经、新策略、赚了多少，没完没了说了一大堆。无论其他几人怎么给他使眼色，他就是沉浸在自己滔滔不绝的生意经里出不来。

平日这样也就算了，毕竟大家势均力敌，几个人身家差不多。可是，坐在一旁的牛凡实在受不了这种自尊心的冲击，匆匆喝了几杯闷酒就离席了。大家面面相觑，谁都不愿再多听王立说一句。

义理解析

常征是个急脾气，口不择言，想到什么就说什么，随口抱怨。作为这种初次见面，又是谈项目合作的关系，第一印象可想而知。项目最终能不能谈成，估计就要看对方获益有多大。否则仅凭公关关系，是难以继续合作下去的。

王立因为赚了钱，极力想要炫耀，忽视了当时所处的状况。王立把大家的友谊想象得过于坚固，所以想说什么就说什么，忘记了考虑在场人的内心感受。只为逞一时之嘴快，失去朋友，失去人脉，这在人际交往中都在所难免。

想说什么就说什么的人，祸就在自己的嘴边。人生也犹如在走钢丝，不一定哪一句话说出口就在别人心里种下一颗火种，惹怒了对方，变成了"口"祸。尤其是像常征这种爱抱怨的人和王立这种爱炫耀的人，都容易惹"口"祸上身。职场不顺，易招小人，被人踩低，基本上都是想什么说什么的人。不经过思考，不考虑对方感受，注定爱得罪人，也会因此在职场中寸步难行。

说话容易，说出的话让人不记在心里难，尤其是那些伤害了对方的话，那些有损他人利益的话，很容易就被添油加醋加深印象的记到了别人心里。所以，不能想到什么说什么。

出谋划策

要想在人生中和职场中走得平稳顺利，一定要在嘴上把一道关，切莫让不经大脑思考的话脱口而出。

一、切莫做一个爱抱怨爱炫耀的人

有人说，人的内心是一面镜子，心里的镜子映射着什么，你的生活就是什么样。爱抱怨的人，遇到什么事都喜欢挑毛病，不仅自己不舒服，也把这种负能量传递给听者。尤其在职场中，当你抱怨工资低，抱怨老板苛刻，抱怨同事爱占便宜的同时，早就隔墙有耳，你早晚有一天也会成为别人口中被抱怨的对象。而爱炫耀的人，多张扬，爱张嘴就吹牛，非但不能受到别人尊敬，反而还会引起别人反感，使人产生一种想要灭灭你嚣张气焰的心理，易惹小人。所以，闭上抱怨和炫耀的嘴，会减少很多祸事。

二、贵人语迟，说话时在腹中拟个草稿

贵人语迟，说的是矜贵的人，一般说话都很慢，说出的话也少。这样的人不易惹"口"祸，因为要说的话，都会在内心里思量一番，打好腹稿，想好了对方听了自己的话会有何种反应。这样说话，就很少会有惹"口"祸的机会，因为那些不易被接受的话都埋在了腹中。

不该说的别说，该说的最好也不要说

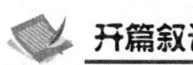 开篇叙话

不该说的别说，该说的最好也不要说，这句话，主要针对职场中人。

职场人多口杂，不该说的话，千万不能乱说。然而该说的，也要想好说完之后，会引起什么样的后果，会给自己带来什么效果，会给他人带来什么影响，会使事态发展成什么样的局面。所以，谨言慎行，该说的也最好不要说。

比如，在职场中，千万别把一句话挂在嘴边，就是那句虽然我们

人人内心都会呐喊的一句话："这不公平！"

　　这个世界，并不是一个天平，每个人被分得的利益也不尽相同。但在职场中，你处处找公平，大概就相当于处处碰一鼻子灰。碰到谁的利益，都如同踩到了别人的尾巴，会跳高，会尖叫，会让你不好过，更别说什么公平可言。所以，只要过得去，没有被过分压榨，尽量在职场中少言这句话。而职场中，不能说的话还有很多，需要我们慢慢斟酌。

情景再现

　　小马和小郑是单位里两个比较能干的年轻人，最近车间主任马上就退休了，单位开始考虑这两位年轻人谁来做下一任的车间主任。

　　一天，领导找小马谈话说："小伙子很能干，平时肯努力，我们都看在眼里。我们已经决定让你来做新任的车间主任，你意见如何？"

　　小马听了自是喜不胜收。连连谢过领导。

　　领导又接着问小马："你觉得小郑这个人怎么样？"

　　小马在内心思量了一番，说道："小郑这个人，其他都还好，就是有时候比较死心眼，不会变通。搞得大家对他意见挺大。比如明明有捷径可以走，他非按自己的想法来。"

　　过了几日，领导又找小郑谈话："单位里决定，让小马来做新任的车间主任。按资历来说，你们两个人差不多。你觉得小马这个人怎么样，适合做车间主任吗？"

　　小郑想了想，觉得小马好与坏，自己都不应该评价。于是对领导说："小马可以胜任工作。但是领导，我现在有一个工作上的问题，就是某项技术，我们可以借鉴某厂，进行适当改进，虽然需要花费一笔资金，但改进之后可以省时省力，要不了多久这笔钱就可以赚回来。还希望您考虑。"

小郑成功地岔开了对同事小马的评价。领导也看得出小郑的意思，于是和小郑聊起了工作。

车间主任退休后，新的文件传达下来，新上任的车间主任是小郑，而不是小马。

义理解析

小郑岔开了对小马的评价的话题，也就是不在这个话题上发表任何评论。说小马的好话，在一定程度上贬低了自己；说小马的坏话，更是让领导觉得自己爱嚼舌，不可信任。继而转到工作内容上，也让领导看出自己对工作的认真，切身地在为单位的利益考虑。

小马就显得有点实在，甚至毫无城府。他对小郑的评价，其实很难影响到领导对小郑的看法。这样的问话，显然是一个局，看一个即将成为领导的人是否有城府和胸襟。小马在这场测试中，明显失败了。

在我们日常生活当中，有些话当你想着当说不当说时，其实你内心已知，若说了，便有可能产生出你所无法掌控的局面，且很有可能不利于自己。这时，干脆就将所有的担心从头掐去，该说的不该说的，一律都不说。

在职场中，有些话一旦说了，就会让自己陷入一个难堪的境地，爬不出来，也难以扭转局面，职业生涯也就像走到了悬崖边一样，黑暗无助。人生也会因职场的失败，受到影响。避免如此，管好自己嘴巴才是正途。

出谋划策

该说的不说，不该说的也不说，那是要我们做哑巴吗？不是的，我们要分辨好言语的重量，再酌情把一些话放到该说不该说都不要说的行列里。

一、害己害人的话不要说，利己害人的话更不能说

我们在职场中，难免会处于被动状态。比如，单位里出现一个错误，没有人来承担责任。领导单独训话时承诺："只要你说出来，我非但不会说是你说出来的，也会把你和这件事撇得一干二净。下个月有个去国外出差的机会，单位也正在考虑你。"在这种心里拉锯战的情况之下，你该如何抉择？把责任和自己撇开固然好，去国外出差也很好，但领导的话不可全信，能信的只有自己的心。想想说出来后会产生的严重后果，最好还是三思而言。

二、学会巧妙岔开话题，将指向自己的矛头轻轻拨开

有时候，我们难免会遇到矛头直指自己的话语，让你说也不是，不说也不是，手足无措。这时我们就该想办法为自己解围，避免在此话题上惹出是非。做人在部分时候，要求中庸。打哈哈，岔话题，就能将不利于我们的局面扭转，避免以后产生不必要的麻烦。成功的将矛头拨开，也成功的遵守了说话的原则，该说不该说我都不会说，得罪人的事不做。

管好自己的嘴巴，让传言止于自己

开篇叙话

不管你承认与否，我们都生活在流言蜚语中。就像那句话：谁人背后不说人，谁人背后无人说。但是，在职场中，流言蜚语害人不浅。我们没有权利管住他人的嘴，但却可以管住自己的嘴，让那些流

言蜚语止于自己。

俗话说：流言止于智者。然而有人生存的地方，就有流言是非。闲人们茶余饭后，树下乘凉，聊什么？就是张家长李家短。公司茶水间，总有三五人在窃窃私语："今天老板又和谁单独吃了饭""新来的小张好像在和小李谈恋爱"……朋友之间，张三跟王五借了一千块钱，许久不还，向你抱怨这朋友没法做了。你身在此中，该如何？是随声附和吗？

世上没有不透风的墙。正所谓好事不出门，坏事传千里，流言蜚语流传的路径最多也最快。如果被人知道在你口中曾流传着关于他的不堪的话，你在他心中会处在什么位置？海涅在《法国的现状》中说："言语之力，大到可以从坟墓唤醒死人，可以把生者活埋，把侏儒变成巨无霸，把巨无霸彻底打垮。"而我们能做的，就是不做那个"墙倒众人推"里众人的一员。

情景再现

故事一：

小常是个叽叽喳喳的女孩子，平时工作能力还可以，老板也就当小常年轻活泼，对小常还算不错。

有一次，办公室里只剩下小常和另一个年轻女孩子加班。小常和女孩子八卦了起来，一会聊娱乐一会说一些单位里的事。小常说："知道吗？听说丽姐是咱老板的老婆的姐姐。怪不得连个Excel都不会用的人，还在单位里吃闲饭。我看啊，老板就是让丽姐当个活监控器吧。"女孩没有答话，小常奇怪地一抬头，看见老板就站在门口。

小常的脸刷一下红了，无地自容。老板黑着脸，什么都没说，到办公室取了东西就离开了。小常觉得自己在单位里是待不下去了，就算老板不给自己小鞋穿，自己脸上也挂不住，于是找了个理由离开了公司。

故事二：

某公司的销售部门和营业部门原本在同一座大楼里。后来，单位新建了一栋楼，就将营业部门整体搬了过去，销售部门还留在原来的旧楼里。

这时，销售部的李琳对大家说："知道为什么把营业部搬到新楼，把我们留在旧楼吗？这还不明显吗！就是营业部的人提前跟老板磨了好久，搬去了新楼。而且老板一直比较重视营业部，这次看样子是不是要把销售部削减一下了，留在旧楼的资源不多，都搬新楼给营业部了。"大家一听，都若有所思。若真像李琳说的那样，自己在单位里岂不是岌岌可危。说不定哪天，自己就突然被裁员了也不一定。自李琳说了这番话以后，销售部看营业部的眼神也变了，像见了仇人一样。

过了不久，老板下达命令，将销售部也搬到了新楼。原来，那一部分之前一直在收拾，还没收拾好。而营业部东西比较少，就上次一起把销售部的也搬了点过去。老板一直没说，是因为销售部即将要搬过去的屋子比营业部所在的位置好，采光好，租金一直没谈妥。

李琳的流言不攻自破，大家也开始慢慢疏远她。

义理解析

大多数人都像小常一样，乐于八卦，尤其乐于八卦有关领导的事情。但是这世上真没有不透风的墙。就算不被老板亲耳听到，嘴长在别人身上，不知什么时候就会传到领导耳朵里。小常作为流言蜚语的制造者，很快就尝到了流言蜚语的恶果。如果小常换了一家单位仍然如此，那很难会有好结果。

李琳同样是一个爱制造流言的人，并且制造出了能给大家带来影响的流言，使大家产生矛盾和误会。这种流言最可怕，这种人在职场中也要不得。逞一时口快,想获得大家的认同感,便煽风点火,颠倒黑白,时间久了,大家都会看到这种人内心的阴暗面。

俗语说:"流言,起于口舌,传于口舌,止于口舌。"但其中的过程却是:常起于小人之口舌,传于常人之口舌,止于贤人之口舌。人生中,流言蜚语有风险,说时能"享受"到片刻愉悦,能"满足"自己和别人好奇的心理,然后终究过不了时间的检验这一关,早晚会被别人知道,而最终就会被传入当事人的耳朵里。这无疑是自己给自己埋了个炸弹。人际关系的是是非非,也大都由这些流言蜚语造成。

出谋划策

职场中,想要一个好的人际关系,首先要从戒掉流言蜚语的参与开始,让自己洗净。

一、尽量不参与到流言蜚语的小团体中

孔子在《论语·卫灵公》中说:"可与言而不语言,失人。不可与言而与之言,失言。"有些人,我们不能什么话都对他说。对不该说话的人说了,就是失言的表现。办公室里,所有人都可以被列为不该乱说话的对象里。尤其是办公室里有流言蜚语的小团体时,一定要在心理的距离上"远离"。

二、将流言蜚语变成夸赞

如果只有两个人的谈话,你躲不开的时候,一人说起另外一个不在场的人,你可以避免说人坏话,不妨说说好话。如果对方说:"老板啊,真抠,你看过节给咱发那点东西,不够塞牙缝。"你可以说:"老板啊,也实在不容易,家大业大的,什么都得顾上。咱自己顾个

自己的小家，都这出错那不周的。"说了好话，就不怕被人知道，就算知道了，自己也身正影不斜。

三、适当的时候做一下"零存在感"的人

当办公室、茶水间、会议室里流言蜚语和八卦开始了的时候，你不愿意参与其中，不妨做一下"零存在感"的人。比如茶水间里，大家八卦起来，你可以拿起手机，不参与聊天。别人问你怎么不说话，你说："哎呀，一个七八年没联系上的老同学，这刚联系上，聊得正热乎呢。"以此躲避开流言蜚语的八卦当中。

想说却还没说的，千万不要再说

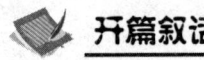 开篇叙话

在谈话时，有一条墨守成规的定律，如果一句话在你反复思量该不该说的情况下，不妨打消说出来的念头，把其视为一句不该说的话。

《荀子·非十二子》中有言：言而当，知也；默而当，亦知也。说的是在恰当的时候开口说话是一种智慧，而在恰当的时候保持沉默也是一种智慧。所以，君子虽有言，当为沉默。

比如，在办公室中，一位身材又矮又胖的女同事新买了一件裙子，连身裙将她腰上的肉都勒出了三道。当她询问你意见时，你觉得说漂亮太违心，说实话太伤人。犹豫着要不要说实话。

这种情况下，一定要管好自己的嘴，不说为妙。可以微笑着点点

头,然后借口有其他事要做,离开现场,继而岔开话题。这样,既不会让周围同事听到你说漂亮而觉得虚假,也不会因为说了实话而显得不解风情而得罪他人。

其实不管是在日常生活中,还是在有利益纷争的职场中,那些想说却还没说的话,都应该悄悄埋在心中,永远都不要说出口。但凡想要明哲保身者,都深谙此道。

情景再现

故事一:

小董和小朱在同一家家装公司上班,有一天去别的公司领样品,开车回来的路上,路过一繁华路段,他们看见一女孩正挽着老板走进了星巴克。小朱像发现新大陆似的,对小董说:"我就知道他那人模狗样的,不会那么老实!还不是学隔壁家装公司老板养小蜜!"

小董说:"不会吧,那女孩看起来年纪不大。"

小朱说:"看把你单纯幼稚的。现在越嫩越值钱不知道吗?你还不信那是小蜜,要不是的话,我都敢把脑袋给你当球踢!"

过了几天,小朱又跑来找小董,说:"现在的小蜜胆子真大,都找到公司来了!"两人出门一看,一个清纯可人的女孩子正在和前台说话,好像很熟的样子。不一会儿,老板从办公室里出来,女孩跳上前挽住胳膊,叫了声"老爸"。

小朱的脸红一阵白一阵,尴尬地看看小董。小董冷哼一声说:"脑袋还是你自己留着吧,我没时间踢球。"

故事二:

胡鹏最近总在自己家的门口发现垃圾。看着垃圾口袋,胡鹏想到在超市看见对面新搬来的邻居,也有这家超市的口袋。难道是新搬来这个小子扔的?胡鹏心里很不爽。

第二天早上,胡鹏又在家门口看到了垃圾。胡鹏忍无可忍,提着垃圾就去敲邻居的门。门开了,门口站着睡眼惺忪的新搬来的小伙子。

"是你吧?总往我家门口丢垃圾!几次了,你自己数没数?你才搬来几天啊?"胡鹏开口就说。

小伙子一脸茫然,还没插上话,胡鹏就继续开口说:"年轻人有点公德心,别做损人不利己的事儿,给自己积点德。"

这时,胡鹏的儿子开门探出个头来,说:"爸爸,垃圾是我扔的。"

胡鹏顿时感到脸被火烧了一样,无地自容。连忙说了声对不起就领着儿子回去,把儿子大骂了一顿。

义理解析

领导的私生活跟你无关,也容不得你说,更主要的是说了也没有意义。小董深谙该说的不该说的,最好都别说。小朱却不明白这个理儿,喜欢胡说八道,易惹事生非。若小董和领导关系比较好呢?若小董作为竞争对手想要挤掉小朱呢?小朱似乎都没有考虑过这些问题。

胡鹏没有调查清楚就怪罪新来的邻居,本来应该建立起和谐的邻里关系,也因说了不该说的话,产生了误会和矛盾。如果觉得垃圾是对门邻居扔的,不妨蹲个点儿,抓住现行后,不用指责,也会让对方自惭形秽,这种做法胜过凭空指责一万倍。

生活中,好多话不该说出口。说出口,大概就是一个无法挽回的局面,难免产生出无法调和的矛盾。尤其是那些想说却还没说的话,最好就别说了。因为你的犹豫已经表明了这些话会造成影响和后果,只是你还无法把控。一旦说出口,局面就像脱轨的火车,难以再回到原来行驶的轨道上,生活会生出不必要的麻烦。想说出口的话,我们可以忍忍，不说出来，就相当于从源头上掐断了矛盾和麻烦，何乐而不为。

出谋划策

一、消除自己猜忌的心理，整个世界是内心的反映

心理学上说：整个世界，是我们内心的反映。你觉得这个世界美好，那是你内心澄澈，你觉得这个世界阴暗，那是你内心复杂。当你觉得这件事一定是那家伙干的，这句话一定是和我有过节的他说的，那么你的心就被猜忌所左右。这时，就容易说出一些不该说的话。所以，消除内心的猜忌，眼见为实时再说也不迟。

二、冷静分析当下的情况，能咽下去的话绝对不说

人最可贵的就是不被情绪所左右。兴奋、愤怒、悲伤时都容易说出和平时不一样的话来。所以，在我们有情绪的时候，如果能冷静的分析当下的情况，不被情绪所左右自己的语言，咽下不该说的话，那就是一种赢者的表现。相反，在情绪激烈时说出来的话，往往会让我们后悔不已。因为那时的话，往往会产生不好的结果。

三、实在想说，不妨找个"树洞"

当你觉得这件事非说不可，不说自己就要憋出心理疾病的时候，不妨给自己找个"树洞"来倾泻。可以写在本子上，最后再撕毁；也可以找一个网络心理咨询师，询问一下意见；还可以找个没人的地方，自己说上一顿，解解烦。这样做，总比说给当事人，激化矛盾要好得多。我们所要做的，无非是找个方法解决和处理好人际关系，所以不妨用"树洞"来为自己排解。

经典箴言

1.《北史·魏艾陵伯子华传》中有言:"性甚褊急,当其急也,口不择言,手自捶击。""言"字是怎样写的:上面一点,代表头颅。中间三横代表三思,下面的口,则代表说话。所以,开口说话之前,需要三思而言。经过思考的语言,才是谨慎的、中听的、有用的。口不择言,口无遮拦,终会把自己送进自掘的坟墓。

2. 不要评价别人的好坏,因为他们并不影响你吃饭。

不要评价别人的德行,因为你不见得比他更高尚。

不要评价别人的家庭,因为那和你没有一点关系。

不要评价别人的学问,因为世上最不缺的就是学问。

不要评价任何人,哪怕是你最看不起的人。

第七章

说话太直率,别人都把你当炮灰

说话直率,往往是"心直口快"的人的特点,容易被人奉承利用。别人可以借你的口说自己想说的话,结果自己吃了亏,无意中就"冒犯"了他人。这种冒犯,得罪了人被当作"炮灰"却毫无知觉。久而久之,这种毫无心机的"直率"就会成为"炮灰"的导火索,自己做了替死鬼,成全了别人,无处喊冤,更无人怜悯。因此,想要人生和职场顺风顺水,首先要注意管理好自己的嘴巴,不做职场"炮灰"。

出言无忌，是愚人行径

开篇叙话

萨迪在《蔷薇园》中说："在要说一些事之前，有三件事要考虑：方法，地点，时间。"也就是说，开口说话要讲究方法，要注意场合，也要注意时间。在"天时地利人和"时说出的话，才是有效的交流和沟通。不讲究方法，不分地点场合，也不注意发生的时间段，说出的话必定不合时宜。轻则不能够达到交流沟通的效果，废话连篇；重则引起当事人的不悦或强烈反击，从而惹出口祸。

出言无忌是小孩子的行径；作为成年人，若仍然出言无忌，则是愚人的行径。比如同事今天化了个略浓的妆，你出口就说："呀，怎么抹得像鬼一样！"若碰见领导在办公室里打了个盹儿，你张口说道："昨晚又开夜车打麻将了吧。"看见同事新买了一辆车，你乐呵呵地说："就这车啊，太便宜了，开着掉价，白给我都不要。"

这些出言无忌的话，即使是带有开玩笑的意味，但也真实地表达着你内心的想法，也让别人看透了真实的你。除了厌恶，大概就是若你以后有了什么不顺或者出了什么状况，不是一群人的落井下石，便是背后一堆人助力将你推下悬崖。不知不觉成了别人眼中的"炮灰"，落得个众矢之的的下场。

情景再现

故事一：

罗方是一家公司的销售经理，因为能力比较强，罗方所带的团队,总是能够按时完成季度任务,这让领导很欣慰。罗方作为元老级人物,在单位里也越来越放得开。

有一次,团队里一个人想休年假回老家,时间恰好是季度末,比较忙的时间。因为罗方私下里和这个同事关系比较好,便爽快地答应了他休假的请求,并在众人面前说:"你直接安心休假就行了,天塌不下来,塌下来有我在呢!"于是,这个人直接就休了年假。

第二天,领导就知道了这件事。领导问罗方:"他这个时间休年假,是有不得不请假的理由吗?"

罗方一听,也没管当时有多少人在场,直接就嚷了起来:"我一经理,每个季度都带着团队完成销售目标,我的团队里的人休个年假,还有什么困难吗?放心吧,这个季度任务早就完成了。"罗方在说这些话的时候,自己把声音提高了八度,根本没发现领导脸红一阵白一阵,十分难堪。

故事二:

春秋时期,喜欢打猎的齐景公让烛邹为自己圈养禽鸟。有一天,天气十分恶劣,暴风雪的降临,使禽鸟全部跑掉了。齐景公盛怒之下,下令杀了烛邹。

行刑之前,晏子请求齐景公说:"大王既然要杀烛邹,那就请让我将烛邹的罪状一条一条全部列出来,也让他死得其所。"齐景公答应了。

晏子来到即将被行刑的烛邹面前,拿出"罪状",大声念到:"烛邹,你有三大罪状,你可否认罪?第一,你玩忽职守,弄丢了大王心爱的禽鸟;第二,你让大王十分生气,有害大王的身体健康;第三,这件事会让各位诸侯认为大王是喜爱玩乐,重视禽鸟却轻视人的人,会对大王感到失望。烛邹,对于这三大罪状,你可知罪?"

烛邹还未答话,齐景公大声说:"别杀烛邹!我听出了你的意思,我杀了烛邹,我就变成了不仁之君,落下恶名。"

晏子在没有得罪齐景公的情况下成功解救了烛邹。

义理解析

罗方自认为自己功高,就放开了胆子说话,出言无忌。但领导毕竟是领导,领导有领导的威严。如果罗方能先和领导说一下,领导看在他的面子上不会不给休假。反而是罗方的先斩后奏,让领导感受到了罗方的越位行为。再加上罗方的出言无忌,只能是让自己成为领导的眼中钉、肉中刺,被拔除是早晚的事。

就算一个人有能力,但也需要别人给你一个舞台,让你来施展。没有了舞台,一切都是架空,也没有人看你的表演。出言无忌的罗方,早晚会失去这个舞台,成为"炮灰"。

晏子虽然位高权重,但他深知在君王面前,要谨言慎行。出言无忌,只会是掉脑袋的下场。但是,又要提醒齐景公不能滥杀无辜,又要解救烛邹,晏子只能拐着弯说话让大王自己明白这个道理。

人生中,出言无忌是愚人行径,很多时候会被人利用。比如,同事想表达意见和不满,又不敢直接和领导说,便在你耳边煽风点火。当你跟领导一开口,那么所有的负面评价都是你的,得罪领导的也是你,不知不觉已做了别人的"炮灰"。

出言无忌,除了让对方不舒服之外,还会给自己带来麻烦。出言无忌相当于自己亲自为自己埋下祸根,怨不得任何人;出言无忌,会变成人生的阻碍,会让事业停步,会让人际关系糟糕,会处处遭遇不顺;出言无忌,也许就连出门买个东西,都会和人发生口舌。人生哪里还有什么顺境可言,完全是自己给自己设置成了难度模式。

出谋划策

我们都不想变成愚人,更不想让出言无忌这种愚人行径阻碍我们的人生发展。只能让出言无忌，远离我们的嘴边。

一、越是熟人面前，越要注意言辞

出言无忌有两种情况，一种是人的性格就是如此，总是大大咧咧，说话不顾及对方的感受；另一种就是在熟悉了的人面前，习惯了口无遮拦，喜欢过度的开玩笑，贬损对方。这都是出言无忌的表现。但是，人人有自尊，人人都爱护自己的面子，出言无忌就像一把刀子，刮伤人的自尊和面子。因此，熟人面前，也需要多留几分口德，少一些不逊的言辞。

二、坚决杜绝尖酸刻薄的语言

出言无忌，往往和尖酸刻薄挂钩。尖酸刻薄的话，犹如利剑，直穿人心。说话的时候，无论你有多大的情绪，多少愤怒在心中，一定要坚决杜绝尖酸刻薄的语言。尖酸刻薄的语言，对于解决问题毫无用处，只能激起对方的愤怒，只能让矛盾更加深化，同时又拉低了自己的品格和水准。作为"炮灰"，一旦落难，不仅不会有人来帮忙，反而落井下石者比比皆是。

得理不饶人，只会害了自己

开篇叙话

海纳百川，有容乃大，宽以待人的一个标准就是：得理饶人。
我们在生活当中，常常会遇到一些心胸狭窄的人。别人惹到他半分,他一定会还回来一寸。斤斤计较,得理不饶人。在人际交往中,这一缺点实为大忌,得理不饶人,只会害了自己。

在我们的人生中,做事、说话得理固然重要,但同样重要的是我们也要懂得饶人。学会给别人留余地留台阶,就是给自己留一条后路。说话时得理不饶人,将人逼到墙角,逼到悬崖,逼要一个说法或道歉,逼要一份赔偿。这样逼迫对方,只能逼出对方的穷凶极恶。人性经不起考验,日后,你也会被以同样的方式被人逼到墙角或悬崖边上。

人际交往中,重在互相理解和宽容,更要注重给自己留下口德。如果什么事都以讲理论输赢,得理不饶人,那么最终人生的输家只能是你自己。宽以待人,生活就会宽以待你;苛刻待人,自己人生的路就会越走越狭窄,终会害了自己的一生。所以,良好的人际关系,从说话要得理饶人开始。

情景再现

故事一:

有一个顾客,在一家店里点了喝的东西。不一会儿,这位顾客就高声尖叫起来:"服务生!请过来一下!最好把你们的经理也叫来!"服务生还没走到这位顾客跟前,顾客就指着自己面前的杯子,脸上写满了不满:"这就是你们的服务?牛奶是坏的!叫经理来,我要跟他说说,这么大一家店是怎么管理的!竟然给顾客坏的牛奶!糟蹋了我的一杯红茶!"顾客每说一句,都提高一个分贝,嚷着整个店里的其他顾客也跟着看起了热闹。

服务生赶紧陪着笑脸说:"对不起,先生,我这就给您换一杯去。"

新的红茶很快就端上来了,跟之前一模一样的是,碟子里面放着新鲜的牛乳和柠檬。服务生一边轻轻放在顾客的桌前,一边轻声说:"先生,不知您是否记得刚刚我建议您,如果放柠檬的话,就不建议加入牛乳,因为这样,柠檬会使牛乳结成块状。"

顾客听完服务生的话,一句话未说,匆匆喝完就走了。

故事二:

一位高僧和徒弟一起参加一个素宴。饭桌上,徒弟发现在所有的素食中,一个盘子里竟然有一块肉。徒弟故意用筷子将肉翻出来,放在菜盘很显眼的位置,目的是让这次素宴的邀请者看到。

令徒弟没想到的是,自己刚把肉翻出来,高僧就用自己的筷子将肉藏了起来。过了一会儿，徒弟又用筷子将肉翻了出来，高僧又赶紧将肉藏了起来，并在徒弟耳边悄声说："你要是再把肉翻出来，我就把肉吃了。"徒弟听后，再没敢把高僧藏起来的肉翻出来。

素宴过后，师徒谢别了宴会的主人。徒弟十分不解，问师父："师父，那厨师明知道我们不吃荤，今天是素宴，还在菜里放肉，我们不该让主人看到，然后惩罚一下那个厨师吗？"

高僧说："不管有心无心，人人都有犯错的时候。如果主人看到了菜里的肉，势必会惩罚厨师，厨师还有可能会因此失去这份工作。我想，这不是你我所希望的。所以，得饶人处且饶人。"

义理解析

顾客在别人侵犯到他的利益的第一时间，便不由分说地跳了起来。如果他在发现牛奶是"坏了"的时候，向服务生有礼貌的温声细语地说，也不至于引起周围顾客的围观，更不至于在服务生解释完之后使自己陷入尴尬的境地，完全可以和服务生相视一笑解除这一尴尬的误会。

高僧深谙得饶人处且饶人的道理，也知道不饶人会产生什么样的后果，于是用智慧教育了咄咄逼人的徒弟。

不懂得理饶人，往往心量狭窄，斤斤计较。这样的人，不仅会让别人不舒服，更多的是让自己心里常常处于愤愤不平的状态。总是认为别人的做法在侵害着自己的利益，却不会替别人考虑，也不会想到自己在人生当中也会有犯错的时候，如果别人揪着你的错误不放，你心里会如何。一旦产生这种心理，恶言恶语便都会脱口而出，咄咄逼人。在这种情况下说出来的话，往往就会像无形的刀子，割在对方的心上。

得理不饶人，口出恶言，让人厌恶事小，处处碰壁事大。只能让自己的人际关系网越来越单薄，朋友越来越少，连亲人也不愿意多多相处。时间久了，就成了孤家寡人，职场中也难获得成功。

出谋划策

得理饶人并不难，别人犯错的时候，别咬住那三分死理，咄咄逼人，多为对方考虑一下，语气温柔些，就会好很多。

一、当错在对方，学会立刻互换角色，重新梳理矛盾

当和人出现分歧的时候，如果自己得理，这时如果立刻交换角色，将自己摆在对方的位置上想问题，想这时你想让别人如何对待你，再重新看待问题。如果犯错方是我们自己，我们当然希望对方能够宽待我们的错误，毕竟我们并非有心。所以，我们立刻就会知道应如何待人。用微笑和缓的语言，原谅别人的同时，更多的是自己的内心得到安宁。

二、不要用对方的错，来给自己树敌

如果错在对方，你宽容以待，对方会感激，会觉得你心量宽大，可以做朋友。但如果你得理不饶人，只能是在用对方的错，来为自己树敌。你的得理不饶人，会让对方有丧失尊严之感，会把人逼急，也会怀恨在心，所以会立刻把你列入敌人的名单。相反，如果你大度的原谅了对方，反而会收获一个朋友，拓宽一条路。尤其在职场中，得饶人处且饶人，永远都重要。因为，收获一个朋友永远比树立一个敌人重要。

夸你"直率"的人其实别有用心

 开篇叙话

从心理学的角度来讲，直率是褒义词，是赞美人性中率真而本质的部分。孩子往往是率真的，他们未经世俗的大染缸所污染，没有经历过为利益而产生的尔虞我诈。所以往往流露出天性，率直而本真地表达着对这个世界的想法和态度。就像《皇帝的新装》中的小孩一样，从一个孩子口中说出的话，我们可以认为是"童言无忌"，甚至可以被原谅。但与孩子的率真令人讨喜不同的是，成年人率真地说话，往往会给自己带来麻烦。

在职场中，在成年人的世界里，并不接受直率这一"美德"。直率的人往往头脑简单，容易被人当作"炮灰"利用。直率的表达，往往是自己逞一时之口快，却让对方感觉到当头一棒。就算你是出于好心好意的提醒或规劝，用这种方式也难以让人接受。因为成年人更在乎自尊心，更在乎面子问题，所以直抒胸臆的直率，往往会伤害到对方的自尊。

不难想象，当一个人夸你"直率"的时候，你是否用不当的方法直接表达了你的想法，让对方感受到太直接的冲击而难以消化？所以夸你"直率"的人，只是比你聪明，拐弯抹角的给你提了个醒。

情景再现

故事一：

张新是单位里的新人。有一次，张新做好了领导要的工作报表，准备去领导办公室交给领导。刚走到领导办公室门口，就听到里面传来说话声。张新不自觉地停下了脚步，鬼使神差的没有离开领导办公室门口，他隐约听到领导说到："能不能给我几天宽限，还有几天就发工资了，员工的工资发不下去，谁给我干活啊，你说是不？怎么也让我挺过这个月末，到下月初，银行那笔贷款就下来了，我立刻给您付款。"对方应该是最近刚刚合作过的客户，最近跑了好几趟领导办公室了，原来是在催款。

张新立刻回到自己办公室，对办公室里的人说了自己在领导办公室门口听到的话。张新说："既然老板有难处，平时对我们也都不错，晚发一下工资也可以理解。"热心肠的财务大姐也说："那我找领导说说去。"

领导知道大家的想法后很感动。但是问到大家是怎么知道这件事的时候，张新说："是我路过您办公室听到了，回来后和大家说的。"老板干笑了两声说："张新还真是直爽啊，哈哈！"

没过多久，张新在一次报表中出现了错误，领导毫不留情的开除了张新。张新百思不得其解。过了几个月，遇到之前单位的人之后，谈起此事，原来领导有一次在几杯酒下肚后说："像张新那样直爽的人，太可怕了，连偷听到的也告诉大家，单位里不知道有多少事乱了套呢。这样的人坚决不能要。"张新这才恍然大悟。

故事二：

有一次，艾森豪威尔参加新闻界的聚会。在聚会上，记者抓住艾森豪威尔不停地提问题，这令他很无奈，因为很多问题涉及国家机密，只能缄口。艾森豪威尔又不好当面直接拒绝这些记者的提问，于是，艾森豪威尔给大家讲了一个故事：

"小时候，我去农场，看到一个农夫在挤牛奶。我问农夫：'这个奶牛是纯种的奶牛吗？'农夫答：'不知道。'我问：'那这头奶牛一星期能挤多少牛奶？'农夫答：'不知道。'我不停地问问题，终于把农夫问烦了。农夫说：'你问我的问题，我全部都不知道。我知道的是，这头奶牛它很能干，它有多少奶，都会把奶给你。'"说到这里，艾森豪威尔顿了顿继续说："我就和这个奶牛一样，只要有新闻，我就会给你们。"

所有在场记者都明白了艾森豪威尔的意思，也都不好意思再继续追问他任何问题。

义理解析

张新认为自己是在做好事，帮助领导和单位解决难题。殊不知偷听来的话于情于理都不应该说出来。这样的率直，在职场中毁了自己的前程，也会被别人认为人品有问题，"炮灰"的标签亦非张新莫属。

作为公众人物，许多时候没有直爽说话的权利。因为有太多的利益关系在里面，直爽很容易毁了自己。艾森豪威尔婉转地表达，不仅让自己免于困扰，也让人们对他继续保持尊敬。

人生中，率直有时固然是一种值得推崇的品性。但率直过度，就会引发不必要的麻烦，惹人厌恶，让人心生防备。尤其在职场中，率直会给人以不会做人、不懂人情世故的印象，被人当作"炮灰"而不知，在职场中自然寸步难行，很容易就害了自己。就算你尽心尽力地去工作，全心全意的为单位出力，若因太直率而得罪了领导，得罪了同事，再多的成绩也会"竹篮打水"。管理好自己率直的品性，才是走好职场路的第一步。

出谋划策

避免让自己的率直成为自己职场和生活中的拦路虎，一切都要从言行上加以注意。

一、切忌自认为一番好心，就以居高临下的姿态直率表达

有些人怀揣一个想法，就是"我是为你好！"以此心态来向他人直言规劝或者直言训斥，并且自信的认为别人会理解自己的一番好意。这样的心态，很容易造成"率直"的品性。说出的话不加以斟酌，态度也毫不修饰，自己直爽说话的态度给别人造成一万点伤害仍不自知。所以，无论何时，放下自己居高临下的姿态，尤其在自认为为他人好的时候。

二、用委婉含蓄的形式来表达，避免对方产生抵触情绪

有时候，话可以绕着圈子说，就会变得委婉而含蓄，就不会像"直爽"那般扎耳，也不会让对方产生抵触情绪。比如，一心直口快的同事看到你新买的衣服后说："这件衣服太显老，我老公要给我买，我都没看上。"这时，你心里会怎么想？大概抵触情绪爆棚到顶点。如果这位同事说："这件衣服有点不适合咱这个年纪，咱还可以再穿穿年轻的。"情况会好很多。

三、"直率表达"需分场合，切莫大庭广众之下

大庭广众之下的"直率"，往往让人难以接受。因为你的直率，必定触及对方的缺点或者所犯的错误。这就像一个人明明已经有了伤疤，你却在揭伤疤的同时，在上面洒了点盐，让人苦不堪言。比如同事犯了错误，你在办公的公共区域里直爽地说："这么大错误，老板不开了你真是仁慈。"就算抱着"谢天谢地"的语气来说，仍然会让人怀恨在心。所以，大庭广众之下的公众场合，坚决让自己与"直率"绝缘。

经典箴言

1. "直言直语"是人性中一种很可爱、很值得大家珍惜的特质，因为也唯有这种直言直语的人，才能让是非得以分明，让正义邪恶得以分明，让美和丑得以分明，让人的优缺点得以分明。但是在人性丛林里，"直言直语"却是有这种性格的人的致命伤。

2. 说话太直率的人，往往喜欢争辩，喜欢口无遮拦。而往往越喜欢争辩的人，越得不到人家的认可；越是口无遮拦的人，越容易惹祸上身。这种人，在现实中也总是在扮演"炮灰"的角色，总是希望用最直白的语言让对方明白、觉悟，然而真正需要明白和觉悟的却是自己，而非他人。真正修行高、德行高的人，不会和人争辩。因为他总是出言谨慎，得理饶人。

第八章

不敢发言，老板就无法看到你

前微软副总裁李开复说："有思想而不表达的人就等同于没思想。"所以，纵使你有一千个好想法，一千个优秀的策划方案，一千个说服客户的理由，不讲出来，一切都是零。不做职场菜鸟，首先从敢于发出声音开始。继而学会将语言加以修饰，加以利用，为发展职业道路而服务。

只说实话,你一辈子都是职场菜鸟

 开篇叙话

有句话叫:善意的谎言。也就是说,不可以时刻都以实话待人,适当时候要学会变通。

在人们的固有印象当中,实话才是最好的,最能让人信任。但职场当中,只说实话,只能给人以呆板的印象。并且有些话可以实话实说,有些话却千万不能。

比如一个长得有点丑的新同事要去相亲,紧张地问你自己行不行。你实话实说:"还是算了吧,看长相是够呛。"领导让你点评一下自己写的毛笔字,你实话实说:"我那读初中的儿子都比你写得好。"隔壁大姐女儿马上高考,问你自己也跟着紧张怎么办,你实话实说:"反正你女儿也考不上好大学,紧张也没用。"这种实话,简直就是堵住了自己向前发展的道路,成为不折不扣的"职场反派",久而久之,谁还喜欢和你说话呢?

富兰克林说:"说话和事业的进展有很大的关系,是一个人力量的主要体现。"所以,要懂得变通,适当的不说实话,比如偶尔"拍拍马屁、戴戴高帽",所谓"满足别人即是最大的满足自己",让别人开心了,顺畅了,自己的职场道路也就宽阔了。

情景再现

故事一:

领导带着一行人乘电梯时不小心放了个屁。狭小的空间,声音显得很响亮。大家心知肚明。

这时，领导侧过头看了一眼秘书。秘书脱口而出："不是我放的！"大家哄然大笑。

没过多久，这个秘书就被炒了鱿鱼。他让领导给自己一个被解雇的理由。领导说："屁大点事你都担不下，还能做点什么？"

故事二：

曹操和刘备一起喝酒。席间，曹操为了试探刘备是否有野心，就对刘备说："现在天下的英雄当中，属英雄之辈的，只有你和我。"

刘备听后，一下子就听出了曹操的试探之意，吓出一身冷汗。恰巧这时，外面一声惊雷，刘备顺势假装吓得将筷子掉在了地上。然后赶紧弯下腰去捡筷子，并口中念叨道："一震之威，乃至于此。"

曹操哈哈大笑，说到："堂堂大丈夫，还怕这一声惊雷。"

刘备说："圣人迅雷风烈之变，怎么会不害怕呢？"

曹操看了刘备的反应，稍稍放下了戒备之心。

义理解析

当然，"屁大点事都担不了"只是一个小笑话。其实在历史上，和珅作为乾隆皇帝最宠爱的臣子，替乾隆说了很多乾隆不能说之话，张罗了很多乾隆想做而不能做之事。平日里，就连乾隆放了屁，和珅也会脸红。为何脸红，就是告诉在场的大家，这个屁是我和珅放的，替乾隆解围。和珅作为天下第一大贪官，在乾隆身边却多年如鱼得水，和他会说话绝对有直接关系。

刘备为了保全自己，没有在曹操面前实话实说。若刘备顺着曹操的意思表示"天下英雄，只有我和曹操二人"之意，定会让曹操起杀心，铲除刘备。而刘备那时还无力和曹操抗衡，掉脑袋是必然的事。人生中，我们很多时候不能说实话，尤其在职场中，实话实说只会越多地暴露自己的愚蠢。因为很多实话，无法入人心中，无法让人接受，更无法起到顺利沟通的效果。有时候，实话实说简直就是自己搬起一块重石砸了自己的脚趾，有痛难言。

不做职场菜鸟，首先从注意说实话的场合和分寸开始。好的实话要说，不好的实话，千万要深思熟虑，多转几个弯，找到能让人接受的语言再去说。学会好好说话，不仅远离职场菜鸟之名，成为职场社交高手也指日可待。

出谋划策

不同的场合，就要有不同的言语，不同的时间，也要有不同说话方式的觉悟。因此，职场之中，注意实话实说的分寸尤为重要。

一、职场之中，切莫直言不讳

直言不讳当然能够快稳狠的解决问题，可是在解决问题的时候，却会让人际关系网漏出一个大洞，且不管日后说得多好听都难以弥补。不如从源头入手，将直言不讳加以修饰，婉转表达，让效果相同，却不伤害到彼此间的感情。虽然职场是工作场所，很大一部分都是要用能力来站稳脚跟。但过于"实在"，很容易就会让站稳的脚跟坍塌下来。

二、就算是沉默，也别说出实话

俗语说：忠言逆耳。有时我们自认为是忠言，自认为是对他人好，但在职场中，逆耳的"忠言"也有可能成为一把利器，割裂人与人之间的交情和关系。比如对于同一办公室的同事，你实话实说："你最近怎么又胖了？该控制一下体重了。"你虽是好心提醒，但在对方耳里却无比刺耳。有些实话不宜实说，不妨就此沉默，什么都不说。

三、对领导只说三分实话，剩下七分修饰好再说出口

只说三分话不是让你欺骗领导，而是面对领导更应该谨言慎行，什么该说，什么不该说，要做到心中有数。有些实话是领导不想听的，就千万不要说。比如，最近单位效益不好，你对领导说："我看这样继续下去，公司有可能要破产！"本来就烦闷的领导，听了这样的话不怒火冲天才怪。所以，对领导只说三分实话，剩下七分，做适当委婉的修饰之后，再说出口会比较能让领导接受，并且讨得领导欢心。

不善于表达，老板永远看不到你

 开篇叙话

一个精明的员工，不仅要有优秀的工作能力，还要能够恰到好处地"表达"自己。否则，就算你再优秀，无法表现出来，也只能终日扮演默默无闻的角色。只有运气好，遇到喜欢沉默寡言的老实人的伯乐，你才会被当作千里马，受到重用。而这种概率，小之又小。因为繁忙的伯乐，没有太多的时间去挖掘"沉默"的千里马。

某领导曾中肯地说过这样一段话：其实，千里马很多，而伯乐也很多。但是，千里马要善于表达，伯乐要善于寻找，都不能坐等对方出现。如果身为千里马，有"毛遂自荐"的韧性，伯乐有"三顾

茅庐"的诚意，那彼此找到对方都会变得容易，于双方来说，也都是幸事。

所以，职场中，我们想做"千里马"，就不要一味沉默。你不说，老板永远不知道你在想什么。

情景再现

小范和小江是电话销售部的新人。电话销售部的任务主要是向客户打电话来推销本公司的产品。过了两个月，小范和小江的业绩十分惨淡，眼看着同一部门的其他人都通过电话销售，达到一定的销售额度，而自己的销售额度，惨不忍睹。终于，领导找到两人谈话。

领导首先开口寒暄，问两人工作环境习不习惯，同事之间好不好相处之类。最后言归正传："我看了你们二人的销售业绩，你们觉得你们的工作难度在哪？"

小范说："对不起，领导，我会更努力去做。"领导点点头。

小江说："领导，在电话销售中，我发现以下几点问题。第一，自己内心存在心理障碍，认为会打扰到对方，会让对方感到厌恶，打之前就害怕听到拒绝的声音。所以我首先要克服自己的心理障碍。第二，好多人在电话中已经表现出对产品的兴趣，但在约见面时却会推脱掉。所以我在想，如何能让客户同意见面。第三，我发现很多时候给秘书打电话，也许比直接给老板打有效果。因为秘书离老板最近，秘书的时间也比老板多，和秘书搞好关系，可以借秘书之力向老板递言。所以，我会从这几点入手，改善销售业绩。还请领导给我点时间。"

这之后，大家明显看出，领导对小范和小江采取两种态度。对小范，不冷不淡，也不太过问小范的工作情况。小范有一种被打入"冷宫"的感觉。而对小江，却十分热络，还时不时和小江谈谈对工作的想法和建议，有时甚至会在工作会议上采纳小江的某些新锐想法。很快，小江被调离了电话销售部门，进入了离领导最近的市场营销策划部门，时不时陪老板出差。而小范，业绩虽有好转，却不知落后小江几公里远了。

小范和小江的起跑线是一样的，一个不善表达，比较封闭，另一个却能够掌握实况，该表达的时候没有选择沉默。向领导表决心，绝不是一句"我一定努力"就能让领导看到自己实力的。

职场中，工作能力固然重要，经验的总结更重要。只有吸取工作经验中优秀的地方，改进工作经验中不足的地方，才能够进步。而领导，也更喜欢一个善于总结经验、善于表达表态的职员。

把什么都闷在心里，自以为自己心中有数，非要用实力说话，也许领导没有等待的耐心，还没等到你成长为一个优秀员工，领导就已经开始准备换上新鲜的血液，留下能干的职员。职场发展也相对缓慢，也许能表达的人用几个星期几个月就可以在单位里崭露头角，大显身手，而不表达的人却要用上几年，才能让人发现自己身上的长处。这时，善于表达的人，也许已经在另外一个更高的高度之上远远的睥睨你了。

长嘴要开口，要表达，要用语言来表达自己的能力，用语言来为自己创造属于自己的品牌。只有如此，才会在职场中风生水起。

出谋划策

说话谨慎是好事，但如果一言不发那就是自我封闭的表现，很难让自己在职场中有长足的发展。

一、积极主动的表达，却不故意显能

在单位的小组讨论、团队活动中，你积极参与，会让领导看到你的活力，也是融入团队的最佳时机。这时候若表现出过分的低调，会让领导觉得你工作不用心，不动脑，态度敷衍了事；同事会觉得你

冷漠,难相处,不愿意参与集体活动。所以,在单位的各种集体活动中,尽量积极主动的表达想法。但注意,千万不能显能,不能吹牛,不能过度的表现,因为上有前辈和领导,尽量积极又谦卑。

二、有些话只有说出口,才能改变局面

职场当中,大多数时候面对的是压力大、工作多、任务重。面对这种沉重的办公室氛围,也许一个发声就可以缓解。比如,某单位季末加班繁重,工作内容又有难度,遭遇瓶颈。这时一个人给大家出了个谜语:"什么数字最勤劳?什么数字最懒?"大家都表示不知道。这个人说:"一最懒二最勤劳。一不做二不休。"大家哈哈大笑,气氛轻松了许多,继续埋首工作,也不再烦闷。所以,别吝啬你的语言,有时候有些话只有说出口,才能改变局面。

曲径通幽,有意见要绕着说

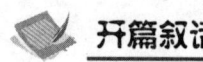
开篇叙话

工作当中,我们不可能做个木头人,对领导丝毫没有意见。但是,有意见时就大发脾气、据理力争,这样就能解决问题了吗?显然不能,只会让情况越来越糟糕,让自己陷入危机之中。

职场中,有意见也要动脑筋,如何去表达自己的意见,既能够解决自己的燃眉问题,又能够曲径通幽不得罪领导,这是关键中的关键。

成功学大师卡耐基说:"如果你仅仅提出建议,而让别人自己去

得出一个结论出来，这会让对方觉得这个想法属于他自己，这样做不是更聪明吗？"所以，我们在表达自己的意见时，不妨将意见切换成建议，易于让对方接受，并转换成自己的思维和想法，如此一来，用迂回的方式解决自己的问题，也不至于在职场中和上司发生不必要的冲突。

情景再现

一家药企召开每个季度的例行工作总结会议，在会议中下达了下一季度的任务指标。

小组组长林平从会议室开完会出来，脸上就布满了乌云。这次会议，要求下个季度销售指标增长百分之二十个点。这对林平来说，简直就是赶鸭子上架，不可能完成的事。其他小组人员配备齐全，每个团队都有得力能干的销售能手。再看看自己带领的团队，其中一个得力干将最近老母亲生重病，请假回家照顾老母亲去了；另一个最近刚辞了职，跳槽去了别家公司；团队里还有一个马上筹备要结婚的，心思哪能全扑在工作上。

林平在纸上比比划划了半天，怎么都觉得这是不可能完成的任务。与其等到了季末在大会上被批，不如趁现就跟领导提一下意见。可是销售行业，没那么多借口可谈，所有难题都应该克服。于是，林平决定换一个对策。

林平将一份申请增派业务人员的申报单交给了总经理，并讲明了自己团队里每个人的实际具体情况，然后询问可否再给自己的团队注入下新的血液，也好鼓舞一下团队的士气。聪明的总经理一下子就明白了林平的意思。

第二天的紧急会议上，总经理宣布，林平所在的团队任务指标减少百分之十个点。然后和其他团队讲解了一下林平所带的团队人手不足,人员组成存在问题的原因。其他团队当然也都能理解,并对林平投以同情的目光。林平回以抱歉的表情。

就这样,林平成功解决了这一危机。

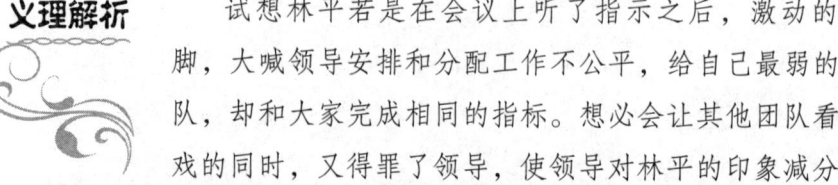

试想林平若是在会议上听了指示之后,激动的跳脚,大喊领导安排和分配工作不公平,给自己最弱的团队,却和大家完成相同的指标。想必会让其他团队看大戏的同时,又得罪了领导,使领导对林平的印象减分,并怀疑林平的工作能力。而林平在提出意见的时候,没有直接从完不成指标上来说,只是希望增派人手,说明自己是想积极努力完成指标的,是主动的寻求解决方法的,也是真诚的希望做好团队的带领工作。并且借由领导的口,向其他团队传达了自己团队的现实状况,使其他团队放下攀比的心态,自己则站在了完全中立不惹到任何人的位置上。此法可谓一箭双雕。

职场中,不懂得曲径通幽,不懂得绕着圈子去表达意见,只会让自己陷入暴躁的情绪中,说话也难免会有火药的味道,让上司不愉快,也不会积极主动地帮助你寻求解决方案。只会让问题越来越糟糕的同时,人际关系也出现紧张局面。工作出了问题,也许一个绕着圈子就能解决的矛盾,如果控制不住自己的脾气,只会慢慢演化成许许多多的烦恼,让人生一片黑暗。

所有的问题,从源头上解决最快速最容易。所以,有意见,有想法,一定要动脑思考,绕着圈子去解决,既能明哲保身,又能解决问题。

出谋划策

曲径通幽,绕着圈子提意见,需要我们多用心,多动脑。在职场上的大浪中，集中注意力，注意好表达，才能乘风远航。

一、一定要学会看对方的脸色，提意见要看对方心情

有些人不会看人脸色，明明对方已经在为一件火烧眉毛的事情忙成一团，还在这时去找人提意见，尽管已经在委婉表达，可是对方会有心情听吗？还有留存多余的心思替你解决问题吗？权衡一下，你的问题不如人家的问题紧急时，不妨缓一缓。所以，一定要学会看对方脸色行事说话，否则提出的意见会打水漂不说，还会被扣上一顶不懂事的帽子。

二、提意见时，最好将自己想好的现成的方法一起提出

提意见的时候，你指望对方帮你想解决方案？那大概你只能等待。一是对方也许没那么多时间，二是对方会不会把你的问题当成切身问题去解决还有待考证。所以，你希望事情怎样发展，希望问题怎样解决，希望得到一个怎样的结果，不妨将这些都考虑在婉转的表达里，让对方将事件的整体有具象的把握，也容易让对方顺着你的意见去形成思维。这样做，既节省时间，也容易促成意见一致的达成。

三、注意语气和态度，不要让领导听出你的不满

许多时候，我们有意见，都是针对领导的不公平对待。所以，在表达意见的时候，容易暴露情绪。一旦暴露情绪，让领导看出你有不满的态度，那领导将会有更加不满的态度来对待你。所谓曲径通幽，也是这个道理。将"意见"转换一下，表达出来的时候，更像是建议，更像是对策，更像是自己好意在为公司的发展献力，而非为争取自己个人的利益。好的态度，更容易被倾听，也更容易被采纳，从而达成自己的目标。

适时做"恶人",这就是教你"诈"

开篇叙话

职场中,胆子小的人做事往往谨小慎微,生怕出错,并竭尽全力做个老好人,怕被领导和同事有所指摘。然而,时间久了,老好人除了名声在外,其余似乎也得不到什么好处。升职和老好人有关吗?加薪和老好人有关吗?答案是否定的。有时候,越想保全自身,也许越适得其反。

一直做老好人,只能一直平庸,也只能一直处于被动的位置,很难有突破和发展。换句话说,这样的人少了几分魄力,少了几分逼人的锐气。就像在大森林中,为什么老虎和狮子是王,其他小动物见了就要跑就要躲一样。老虎和狮子"恶名"在外,谁敢惹谁敢碰?

适时做一下"恶人",一是免得在职场中被打压被欺负,二是告诉别人自己有智商不是没带脑子来上班,三则是在处理某些事件上,可以更圆滑更理想。因此,职场中,认清形势,把握好时机,适时地做一下"恶人",学一点点"诈",对自己的职场发展有益无害。

情景再现

故事一:

明涵深知好人缘在职场很重要,尤其她的工作内容是作为项目协调负责人,协调好与每个人的关系,也是自己工作完成好坏的一项指标。

所以,从明涵加入团队集体的第一天起,她就要求自己一定要做个老好人：程序员抱怨电脑配置太低，但财务却说今年的额度超支，已经停止申报，明涵把自己电脑上的内存条给了程序员；写宣传策划的刘姐，周末要陪孩子学书法，不能够加班赶策划，明涵就牺牲了自己的周末，陪刘姐家的孩子学书法，让刘姐安心加班；广告部那边彩色墨水用完了，明涵二话不说，就跑出去买。这样的事，不胜枚举。

每个人对明涵都赞不绝口，好像没有明涵帮不到的忙。但明涵自己却越来越苦恼，甚至有抑郁症的倾向。自己手上工作已经十分繁重，但每一个人出了问题，首先不是想怎样去解决，而是先来找明涵。自己休息的时间少之又少，对于这份薪水并不高的工作，付出与所得已经完全不能匹配。

更让明涵感觉到心寒的是，自己已经非常委曲求全，尽心尽力的满足大家的要求，可大家似乎并不买账。凡是遇到紧急情况，每个人都会找借口，说理由，团队工作效率低下。现在，领导时常责备明涵，同事也经常找明涵抱怨。明涵的工作一团糟。

故事二：

诸葛亮和鲁肃去见孙权，孙权问诸葛亮当时的情势。"当下，曹操的兵共有多少？"诸葛亮说："马步水军，一共100余万。"

孙权和鲁肃都吃了一惊，鲁肃使眼色让诸葛亮不要再说，孙权当即表示怀疑，诸葛亮轻蔑地笑了一下："兖州之时，曹操手下已有20万兵，平定河北之后，又增60万，中原新招兵30余万，荆州新招兵20余万，总计150余万，说100万也只是保守，怕惊吓到江东之士。"

孙权继续追问："依照先生之意，曹操想吞并江东，那我战还是不战？"

诸葛亮说："曹操赢了官渡之战，如今又破荆州，各路英雄纷纷退让，无力与之抗衡，刘豫州也因此才逃到此地。所以，我希望将军依时势量力而为。若以吴、越之众与他抗衡，就要早下定决心，若不能，还是早日投降算了。"

孙权一听，又问："那刘豫州为何不投降？"诸葛亮慢悠悠说道："田横，仅齐国一名壮士而已，尚能笃守节义，更何况刘豫州是盖世英才，大丈夫怎有屈居人下之理？"

孙权听后，盛怒之下离去了。大家都觉得诸葛亮口不择言，说错了话，言语之中表示出对孙权的轻视，惹怒了孙权。诸葛亮笑道："可我有破曹操的良策，孙权不问，我有何办法。"孙权听到此言，从堂后走出来，不计前嫌，和诸葛亮细细商量起如何攻破曹操。

义理解析

明涵在职场中试图做一个老好人，搞好人际关系，进而有助于工作的开展。然而这只是自己的一厢情愿。工作中，公是公，私是私，搅为一谈，只能让自己的生活也变得苦不堪言。

诸葛亮使了个"坏"，做了下恶人，故意惹怒孙权，以此激起孙权的斗志而为其所用，恰到好处，于双方来说，都有好处。相反，若是直接和孙权说明实际情况，反而会让孙权有所退缩，失去斗志。

这不再是一个"酒香不怕巷子深"的年代。在职场中，学会适当做一下"恶人"，才能让自己如鱼得水，游刃有余。否则只能在原地打转，越活越累，仍不出成绩和效果。更多的结果是，出力不讨好。美国康奈尔大学、圣母大学和加拿大西安大略大学曾联合做过一项调查，调查内容是关于性别和性格对收入的影响。此项调查表明，性格随和的员工确实比不易相处的员工挣得少，这种收入差距在男员工身上体现得更明显。而我们工作的意义是什么？就是为了工资，养活我们自己和家庭。

所以，在竞争激烈的职场中，适当做下"恶人"，才能站稳脚跟。

出谋划策

一、善于审时度势，分辨出对自己有利的行事态度

职场中的利益有如天气变化，阴晴不定。今天效益好，天气好，每个人脸上都笑意盈盈，你也笑脸盈盈；明天单位出状况，效益每况愈下，工资紧张，裁员指日可待，你会怎样？要学会审时度势，知道

怎么样做怎么样说，会对自己有利，会让领导重视自己，会让事情的结果偏向于自己的目的。

二、善于观察对方性格，根据对方性格决定是做"好人"还是"恶人"

大千世界，形形色色。职场之中，可以说林子大了什么鸟都有。有的人懂得感恩，有的人却一味的索取。要学会观察，善于总结，只有把控了身边的人的性格，才能作出正确的判断，是做"好人"还是做"恶人"。对于身边的人，什么样的人可以帮，什么样的人最好绕着走，什么样的人适当给他点颜色，什么样的适合点头之交不做任何多余的交情。判断正确了，才能让自己"好人"不白做。

经典箴言

1. 拿破仑说："有很多思路敏锐、天资高的人，却无法发挥他们的长处参与讨论。并不是他们不想参与，而只是因为他们缺少信心。"沟通能力是个人综合能力中很重要的组成部分，你若不发言，工作业绩是别人的；你若不发言，产生误会和错误，责任是你的；你若不发言，吃闷亏白干活的人非你莫属；你若不发言，躲在角落里默默无闻，升迁与你永远绝缘。不敢发言，就算是金子，也永远蒙着一层擦不掉的灰尘。

2. 有人做事很低调，总认为自己"人微言亦轻"而不肯多说话。遇到老板开会、讨论问题时，很少发表自己的见解；老板为某事征询下属意见，他也总是"论资排辈"等人家说完之后，才说上几句无足轻重的话随声附和一下；碰到棘手的事，本来可以一个人解决，但是怕人家说自己自作主张，便总是左请示，右汇报，仿佛只有肩上扛着别人的脑袋才能办事。长此以往，即便自己是颗珍珠，也势必要蒙尘了。

第九章

害怕与陌生人搭讪，就无法将自己推销出去

大多人在失败的时候都会感慨在世上行走的每一步都艰难无比。然而，通常情况下，我们都只是败给了自己，比如不会利用自己的口才，不太主动与人搭讪，不懂得社交技巧，别人无法看到自己，才让我们垂头丧气，唏嘘叹惋。而成功者无论走到哪里，都会发展出自己的人脉圈，成为圈子里的中心人物。人脉何来？靠搭讪，靠交谈，靠勇气，靠主动推销。"闷葫芦"生存在这个社会里，只能注定是失败者。

"闷葫芦"在社交场中只会寸步难行

 开篇叙话

斯坦福研究中心曾有一份调查报告：一个人所赚来的钱，12.5%来自于自己本身所掌握的技能和知识，而87.5%则来自于自己的关系和人脉。这也就说明了一个问题，要想衡量一个人的成功，不妨衡量一下他究竟有多少人脉。简而言之，人脉就是资源，就是源源不断的金钱。

另一项调查表明，那些在自己的岗位上籍籍无名，一辈子都在小科员的位置上混日子的人，基本上都是"闷葫芦"类型。下班就回家，不喜欢社交，不喜欢参与办公室活动，更不喜欢和陌生人交朋友。这样的人在社交场中可谓是寸步难行，在职场中也难以有所作为。

在好莱坞，人们都知道："一个人能否成功，不在于你知道什么，而是在于你认识谁。"光鲜与成名的背后，是靠自己的社交，靠在社交场上积攒下的人脉。明星圈子如此，商业圈子如此，生活的圈子亦是如此。你想过什么样的生活，首先要有什么样的圈子。有什么样的圈子，你才有模版去创造自己的生活，你才有氛围去经营自己的生活。而残酷的是，对于好的圈子，"闷葫芦"永远止步于圈子之外。

情景再现

故事一：

柯克·道格拉斯是美国著名演员，也是著名的成功企业家。在美国，柯克·道格拉斯是神话级的人物。可是，就是这样神话级的人物，在年轻的时候却是个落魄鬼。

有一次搭火车，柯克·道格拉斯和身边的女士聊得很开心。他怎么也没想到，只是和陌生人聊聊天，却让他落魄的人生出现了拐点。

没过几天，柯克·道格拉斯被邀请到制片厂报道。他很纳闷，自己的梦想别人怎么会知道。原来在火车上同他聊天的女人是知名的制片人。当时柯克·道格拉斯的满腔抱负让她印象深刻，并决定给柯克·道格拉斯一个机会。

后来，柯克·道格拉斯成为了著名的演员、导演、制片人和成功的企业家，成为美国影坛神话级人物。

故事二：

罗斯福在回到美国准备参加总统竞选时，有一次受邀去参加一个宴会。在宴会当中，大多数人都知道罗斯福，毕竟罗斯福是有名的律师，更重要的是罗斯福还是已故美国总统西奥多·罗斯福的堂弟。但糟糕的是，罗斯福并不认识在场的大多数。

宴会中，大家都在和相熟的人聊天，罗斯福备受冷落，尴尬无趣地坐在一旁。但罗斯福并不想一直这样直到结束这无聊的宴会为止。毕竟大选在即，这大概是让自己获得支持的好机会。于是罗斯福请求身边的一个熟人，将在场的客人的信息大致了解了一下。

罗斯福打破了僵局，开始加入到其他人的闲聊当中，看似漫不经心，却在闲聊中通过他人的语气、说过的话，掌握了对方的性格特点、事业发展状况和私人爱好等信息。再根据这些信息，随意发挥自己的想法。罗斯福很快赢得了大家的重视，也开始侃侃而谈。

罗斯福在这次宴会中收获了不少朋友，当然，这也为日后的竞选得到了不少支持。

义理解析

柯克·道格拉斯如果在火车上做个"闷葫芦",一言不发,大概就不会结识自己事业上的引路人;罗斯福如果在宴会上做个"闷葫芦",大概只是白白浪费了时间,这场社交将毫无用处,更别说日后在竞选总统时会获得大家的支持了。所以,"闷葫芦"在社交场中寸步难行,在事业的道路上寸步难行,在人生成功的路上也是寸步难行。

职场中的"闷葫芦"往往有意见不表达,有想法说不出口,永远一副难以接近的样子。也许不是别人不想接近,而是自己的"闷葫芦"形象给人一种压抑感,找不到兴趣点,难以找到共同的话题。"闷葫芦"往往是在给自己的生活罩上一层膜,不光自己出不来,别人也进不去。久而久之,形成孤立的局面,想说话都找不到人说,想成功也找不到路径。这层膜,把生活的阳光也遮挡在外,人生一片模糊和黑暗。

有一个位居美国第五名的推销员,当他还不熟悉这行工作时,有一次,他竟独自会见美国的汽车大王。他实在太紧张,只能如实地说:"十分抱歉,我刚看见你时,我害怕得连话也说不出来。"结果,这样反而驱除了恐惧感,这要归功于坦白的效果。你敢正视自己内心的恐惧,才能打破这种恐惧。

出谋划策

"闷葫芦"不是不想社交,也不是不想成功,更不是想一直做一个籍籍无名的平庸者。只要能够打破僵局,成功就会不请自来。

一、建立自信心,勇于开口说话

"闷葫芦"往往是自信心不足,觉得没有人愿意听自己说话。就算听,别人也会觉得无趣。殊不知你不说,别人永远不知道你心里在想什么。何况,一千个读者就有一千个哈姆雷特。你的想法在别人眼中,永远都是独一份，不会和他人完全重复的。如果你在职场中已经是一个"闷葫芦"，那么请勇敢地开口，勇敢地打破别人眼中"闷葫芦"的印象。那么一个全新的局面也会向你扑面而来，不信，你可以拭目以待。

二、多看书、读报，多浏览新闻，增加杂谈的能力

在日本的电车广告当中，会有这样的规定：专门培训即将入职或刚刚进入职场的新人杂谈的能力。杂谈，即在公司和领导与同事之间，在楼梯间茶水间或电梯里相遇的时间段，如何打破空白的沉默，能够愉快地聊天。不能总聊天气，也不能总聊工作。所以，杂谈能力对于社交来说十分重要。这就需要我们平时要多留心身边的趣事，多看书、读报，多搜集信息，以便在杂谈中有料可聊。

三、勇于建立一份从零开始的关系

我们的一生，除了和家人之间的关系以外，所有其他相熟的人都是从陌生人再到熟悉，关系也是从零再发展成各种关系的，比如朋友、同事、前辈、合作伙伴，等等。所以，重要的社交能力，就是看如何从零开始迈起第一步。勇于去做先开口搭讪的那一方，并拿出自己的十分真诚与热情，我相信，对方很容易就会给予你信任。而这样的你，绝对和"闷葫芦"无关，而是又开启了一扇走向成功的道路上随时可以打开的大门。

🍃 记不住对方的名字，一切都是空谈

 开篇叙话

杨耀宁是台湾证券投资界的巨头之一，身家上亿。他曾说过这样

一句话："有时候，一通电话抵得上十份研究报告。我的人脉网络遍及各个领域，成千上万，数也数不清。"杨耀宁在这成千上万的名单中，若是记不住对方的名字，对方还会成为他的"人脉"吗？显然这是不可能的。所以，记不住对方的名字，一切社交都是空谈。

试想在一个聚会上，你遇到了一位行业中的巨头，你早就想要认识对方，终于有了机会，然而你却怎么也想不起对方的名字来，也就无法进行开场白；在路上偶遇多年未见的老同学，现在对方功成名就，可偏偏把对方的名字给忘了，无论聊得多热火朝天，仍会让人觉得局促。记不住对方的名字，在社交中是一大忌讳，也是接近成功的一大障碍。所有想要为以后做的铺垫，在名字这里就化为了零，成为空谈。

相反，记住他人的名字，是一切良好开端的序言。亲切地叫一声别人的名字，让人感受到你的真诚，也感知到你的脑海中一直存有对方的名片，不曾忘记。既表达了对对方的尊重，也让对方有了足够的存在感。

情景再现

故事一：

单位里来了几个刚毕业的大学生，都是大学同班同学，其中一个叫陈烨的小伙子是这批新人里面工作能力比较突出的。第一天老板就拿着名单说："陈桦，来我办公室一下。"周围人哈哈大笑。

"老板，我叫陈烨。"陈烨红着脸说。老板说："管他是烨还是桦，说的就是你，来一下。"周围人又是哄的一声笑开了。陈烨的脸更红了。

陈烨在公司做了有一段时间了，老板仍是叫他陈桦。这不仅让一起进来的同事作为谈资和笑柄,也让陈烨渐渐对老板产生了意见。来了这么久,老板都记不住自己的名字,总叫错,很显然,老板眼里的自己只是个无足轻重的愣头青,自己的工作能力也没有被老板放在眼里。

于是陈烨不再在乎老板叫自己什么,陈烨也好,陈桦也好,也不再理会同事们的取笑,只是闷头干活,提升自己的业务水平。

陈烨默默地在自己的工作岗位上攒足了工作经验,迅速跳槽到了一家更好的公司。临走时,老板很吃惊,说:"陈桦,我一直觉得你是个不错的小伙子。"陈烨笑呵呵说道:"临走了,您还是没记住我的名字,我叫陈烨。"

故事二:

吉姆·法莱从未上过学,但却在他46岁之前,就已经有四所大学授予其名誉学位。就是这样一个人,成为了美国民主党全国委员会的主席,还做了美国邮政总局局长。吉姆·法莱的成功秘诀是什么呢?你很难相信,他就是靠记住别人的名字。

吉姆·法莱在做美国总统罗斯福的助手时,偶遇卡耐基。卡耐基问他:"你成功的秘诀是什么?"吉姆·法莱说:"努力工作。"卡耐基无奈地笑笑,很显然这不是真正的答案。吉姆·法莱收起笑容,告诉了卡耐基真实的情况。

吉姆·法莱自幼家贫,和母亲一起承担着家庭的重任。为了养活家人,他很小便穿梭在搬砖运沙子等劳动中。吉姆·法莱也是这时就发现自己有很强的社交能力。因为他总能够准确无误地记住别人的名字,并发现每一个人实际上都很在乎自己的名字。这就像是一种象征。如果自己的名字被别人记住,说明自己在对方的心里就有一定的份量,那么自己也就很乐意去亲近对方。

吉姆·法莱意识到自己有这种能力的时候,便专门去研究这一现象。他将认识的每一个人,都认真地询问其姓名、职业以及家庭情况等基本信息,然后努力记在脑子里。不管多久,当再见到此人的时候,吉姆·法莱都能很轻松地喊出对方的名字，并且很热络地谈及之前所了解的情况，就像多年好友一样。就这样，吉姆·法莱不断地拓展自己的人脉圈子。

吉姆·法莱在成为罗斯福的助手之后，帮助罗斯福参选之际，在数月的时间里每天都需要为罗斯福写上百封邀请信，参加各种聚会。在每一封信的开头，吉姆·法莱都用昵称，给人以亲切之感。也正是这种社交手段，让吉姆·法莱帮助罗斯福成功当选总统。

老板因为记不住员工的名字，让员工感受到自己被轻视，于是不断丰满自己的羽翼，及早做好了跳槽的准备。老板怎么也不会想到，会因为记不住下属的名字，而失去了一位得力能干的员工。

吉姆·法莱不只是擅长记住别人的名字，而是更愿意主动、用心的去记住别人的名字，也正是这些"名字"，为吉姆·法莱铺就成了一条成功的道路。卡耐基后来问吉姆·法莱："我猜您可以叫得出一万个人的名字吧。"而吉姆·法莱的回答是："不，我可以叫出五万人的名字。"

在许多人眼里，名字只是一个符号而已，并没有实际意义。然而对于每一个人来说，名字却等同于自己。人们渴望获得存在的价值，也就渴望别人记住自己，记住自己的名字。在获得成就时，受到关注时，得到奖项时，别人口中的那个符号就是自己。

生活中，记不住对方的名字，大度的人会一笑了之，大多数人会把你归类为泛泛之交，点头之交，或者压根连你的名字也忘在脑后。别谈什么交情，也别扯以后还有什么互相帮助和往来。所以，记不住名字，一切的一切都是空谈。

出谋划策

别人的名字难记吗？其实，一切都看你想交际的迫切心有多大，你想成功的迫切心有多大。只要想记住，就会有一万种方法。

一、谁都不会过耳不忘，不妨有个专门的小本子

我相信，吉姆·法莱所记住的五万人的名字，不可能都是一下子装进脑子里的。一定也是像我们努力背过的单词一样，一个一个输入脑中。先是短暂的暂时记忆，经过多次反复记忆的刺激之后，变成永久记忆。遇到对方名字里有比较难的字的时候，千万别不好意思再问第二遍，不妨让对方写下来，更加能让对方感受到你的诚意。所以，如果你的记性没那么好，不妨做个专门记名字的小本子。

二、勇敢地叫出对方的名字，而不是"喂"

有些人在许多场合，都不愿意叫出对方的名字，即使知道对方的名字，也是用各种能吸引到对方的声音来代替名字，比如"喂！"这种平庸的交际手段，也只能让对方把你归类为萍水相逢之交，更难以交心。叫出对方的名字，更多的是一种尊重，而"敬人者恒敬之"，这样才是良好的社交关系。

三、适当地叫出对方的昵称或小名，会拉近彼此的距离

叫昵称或小名的场合，只适用于同龄人或后辈，比如老同学或者比自己后入职的同事。对于领导或长辈，却万万不可。有时候，我们叫出对方的昵称或小名，会成为彼此之间关系的润滑剂，让对方感受到原来在你心中，是把对方当作如此亲近的人。于是对方也会放下芥蒂，与你敞开心扉。

套近乎不讲分寸，好比给蛇画上腿脚

 **开篇叙话**

俗语说：拍马是为了骑马。所以，我们在社交中与人套近乎往往

是为了有求于人。但若在套近乎的时候不讲究分寸,就像拍马的力道掌握不好一样,拍得力道小,马并不走;拍得力道大,又激了马,容易马失前蹄而伤人。因此,套近乎不讲分寸,犹如给蛇画上了脚,多余不说,还有可能起到适得其反的效果。

适当的寒暄和套近乎,能够让我们很快地适应新环境,融入新集体。套近乎能让自己在社交当中如鱼得水,可能成为领导的心腹,可能成为被列入升迁的备选名单,也可能获得更高级别培训的资格。套近乎似乎能给我们带来很多好处。但,前提都是有分寸又有把握的套近乎。

失去了分寸的套近乎,就会失去了套近乎的原本作用。用词不当、场合不对、用错了对象、热情过度、时间过长……都会弄巧成拙,不仅让人厌恶,还有可能得罪人。这时,别说你想"骑马",就是想"拍马",马儿都会离你远远的,让你碰都碰不到。

■ 情景再现

贝尔纳是一家空中客车飞机制造公司的销售。他之所以能很快地在自己的领域里崭露头角,这和他的第一单生意不无关系。

贝尔纳初到公司,就被迫接手了一项十分棘手的任务——向印度政府推销飞机。这项任务之所以困难,是因为之前已经有销售向印度政府推销过,印度政府在初审时就否决了。所以,再次进军印度市场难度系数大增,希望可谓渺茫。贝尔纳准备了一番,就飞往印度的新德里,准备挑战这一难题。

在印度新德里,接待贝尔纳的是印度航空公司的主席拉尔少校。"十分感谢您,让我有机会在我生日的这一天,竟然有机会回到了我的出生地。谢谢您。"贝尔纳毫不矫饰地表达了自己对拉尔少校的感谢。他的言外之意就是:现在的所在地是我的家乡,我的出身地,在这片热土上,我们能够相见真是缘分。这样的开场白无可厚非地更加拉近了彼此的距离。

毫无悬念,贝尔纳成功了,印度决定购买飞机。作为社交的高手,贝尔纳的销售工作做得如鱼得水。在他的销售记录当中，有一年，仅仅一年的时间贝尔纳就销售出230架飞机。要知道，这230架飞机，价值420亿法郎，为公司创造了无数价值，也为自己赢得了销售界的地位。当然，这420亿的法郎当中，贝尔纳会跟人套近乎的价值占了不小的部分。

义理解析

贝尔纳会适当的和人套近乎，不会留下太重的和人套近乎的痕迹，就不会让人反感，反而增加亲切和善的氛围。作为一个销售，更应该注重这种能力，即挑准适当的时机，用适当的语言来套近乎。如何和客户之间展开交谈，这是十分重要的。

相反，如果贝尔纳作为销售直接演绎他销售的职责，向拉尔少校介绍飞机的各种优点，想必拉尔少校仍会以之前相同的理由拒绝他，失败必不可免。再比如，如果贝尔纳做了不讲分寸的套近乎，比如挑拉尔少校的优点夸奖拉尔少校，有可能拉尔少校是公私分明之人，也就不会吃这一套，反而会让他产生反感，觉得此人心术不正。

人生中，套近乎没有分寸往往给人以拍马屁、戴高帽、爱奉承的印象。这种表现恰恰成了情商低的案例和典型，不讲究分寸，即办不成事，反而会害了自己，让自己成为众矢之的。

所以，即使是套近乎，也让对方看出你的真诚。像贝尔纳那样，每个人对自己的出生地和家乡都有别样一番感情，相信拉尔少校一定理解。即使是套近乎，也要选对时机，别等气氛尴尬时，或冷场时，再去为救场而去套近乎。如果贝尔纳的这句开场白放在过后的交谈中，估计就不会产生出这样的效果，也不会让人记忆深刻。

出谋划策

会套近乎是好事，毕竟这是情商高的表现。但不会套近乎也无妨，千万别套错了近乎，反而害了自己。

一、套近乎要讲究方法，最好掩藏住你套近乎的本意

最失败的套近乎，大概就是让所有人都看出来你在套近乎。如何做到套近乎不留痕迹？比如，新到一个工作单位，听说单位里某某喜欢打台球，你可以借机询问："有没有兴趣切磋一下，下班后一起玩玩？"这样一来，便于自己快速融于新集体，和同事搞好关系，也不露痕迹的和同事套了近乎。

二、注意热情要给三分，留三分，切忌热情过度

单位新来个小姑娘，工作能力一般，就是喜欢讨好人，今天给大家分蛋糕，明天给大家分水果。一天两天大家欣然接受，可每天都这样，除非那些爱占便宜的人愿意接受，剩下的人都觉得这种接受赠送变成一种负担和为难。毕竟"拿人手短，吃人嘴短。"大家毕竟都是来工作的，适当的分分食物，会增进感情，每一天都分食物，就会让人觉得你别有用心，热情过了度。所以，交往之中，热情给三分，留三分，都分出去，会让人烫手而难以接受。

经典箴言

《简·爱》中有一句话："幸福就摆在迷雾的后面；如果你不伸出手拨开云雾，就永远无法获取幸福。"古今中外，有多少人就是如此明智地主动伸出手，才获得了自己辉煌的成功和美满的幸福啊！面对追求的目标，也许没有谁能够帮你，你只能主动去追逐，排除万难，实现愿望。

第十章

回到家里，不要想说什么就说什么

李开复在《如何平衡你的工作和家庭》中说："工作与家庭的平衡确实是一个鱼与熊掌难以兼得的问题，需要相当的承诺和持续的沟通才能很好地解决。"语言在家庭当中，起到的作用就是润滑剂。婚姻的成功与否，家庭生活幸福与否，取决于我们的承诺，取决于我们的沟通。但，成也萧何，败也萧何，有些话必须说，有些话千万不能说。

把工作中的情绪带回家,等于埋了一颗定时炸弹

 开篇叙话

"会工作,也要会生活。"这是专家给予现代忙碌的社会人的一个建议。工作固然重要,然而我们的家庭生活,却是我们坚实的后盾,心灵的港湾。

我们在职场中打拼,累了,倦了,想到的永远是家,家中的爱人,子女,双亲。所以在打理好自己的工作的同时,一定不要忽视了同时经营好你的家庭。经营好我们的家庭,就要适当的学会将工作与家庭分割开来管理和经营。该处理工作时,就专心致志地将工作安排好,该陪伴家人的时候,就放下手中的工作,让家人感受到你的爱和真诚,维系一个温暖的避风港。

相反,将重心倾向于工作,不会将工作和生活分开,将工作的情绪同下班一起带回家中的人,久而久之,家庭就会出现矛盾,也会分散其大部分精力,回过头来处理自己的家庭问题,哪还有心思安心工作。最后的结局,就是事业家庭均受影响,人生进入暗夜,走向下坡路。所以,在人生的天平两端,工作和家庭之间,把握好自己的情绪,斤斤两两算好了,加好了,平衡好了,才能成为人生的赢家。

情景再现

SOHO中国首席执行官张欣,是潘石屹的妻子,她在和潘石屹结婚的时候,毅然放弃了华尔街的工作,和潘石屹一起注册了公司,开

始创业。在所有人眼里，都觉得张欣一定是疯了，放弃了华尔街的好工作好前景，跟着一个农村出来的穷小子去盖什么房子。但在张欣眼里，她觉得潘石屹和别人不一样，甚至和华尔街那些精英比起来，也很不一样。潘石屹脑子很活，想法也比较有新意。张欣觉得，潘石屹身上所拥有的东西，是自己所没有的，这已经足够吸引张欣。

但是，两个同样是精英的人，在婚后却开始不断的产生出分歧，意见不同，矛盾相左。张欣回忆，1996年和1997年，是两个很艰难的年份，那两年，她和潘石屹总吵架。

97年，两个人准备做现代城项目，潘石屹的观点是，只要能够有钱赚，和谁合作都没关系，房子盖成什么样也没关系，谁能出钱，和谁就是合作伙伴。而张欣既是文艺女，又是理想主义。她认为，盖房子就要盖最顶尖的房子，要最理想的规划和设计。而至于合作的问题，也要和国际资本的大资金合作，这样才有未来和前景。两个人在这个问题上，争得不可开交。最后，还是潘石屹服了软，同意了张欣的想法。

但是，好景不长，刚刚签完一切合同，东南亚金融危机如台风入境一般，波及潘石屹和张欣的生意，使所有的合同一夜之间成了废纸。这种打击，对张欣和潘石屹来说，几乎是毁灭性的。而这场危机，也使他们的婚姻受到了威胁。潘石屹为张欣错误的华尔街式投资方式，和她大吵一架。吵完架后，两个人都觉得这场婚姻基本上就这样走向结束了，各自拎着箱子走出了属于他们的家。

分开之后，张欣去了英国，某一天，她突然觉得："工作和婚姻，我都不能失败。人为某件事生气是可以理解的，但是因为生气，两个人就分开了，太不值得。"于是张欣给潘石屹打电话，谈了很久。最终，张欣说："我辞职，你自己干。"并且张欣说想生个孩子。

后来，张欣回到潘石屹身边，很快就生了他们的第一个孩子。两个人成功渡过了婚姻危机，同时，事业也在逐渐好转。张欣回忆说，这个决定，是她一生中最为理性的决定。

义理解析

"人冲动的时候第一个想法就是,拉倒了,别跟他在一起了,所以就各自走了。但当你稍微冷静一点再想的话,我不跟他怎么办呢?我当时就觉得还得回去解决我们两个人的问题。"这是张欣后来说的话。这个智慧的女人,很明确自己想要什么,既要幸福的婚姻,也要成功的事业。但当两头出现危机,无法平衡的时候,需要适时作出调整,需要作出准确的判断,甚至作出牺牲,舍弃一部分东西。

所以,想要幸福安定的生活,必须平衡双方的重量。尤其是不能把工作上的情绪带回家中,这无疑是给家中埋下了一枚炸弹。我们的爱人,也没有百分之百消化我们恶劣情绪的能力。时间久了,积压得多了,就会让双方的关系出现难以修复的裂痕。我们的家庭在风雨中飘摇的时候,我们的心也就没有了根据和后盾,一切都失去了意义。

几乎每一位成功人士,都有一个完美而幸福的家庭。有一句话是"每一个成功的男人,背后都有一个支持他的女人。"反过来同样适用。所以,事业的成功,离不开家庭做后盾。

出谋划策

一、把坏情绪留在办公区,回家之后撑起一片艳阳天

这不是在教你演戏,让你把在工作中的烦恼统统掩藏起来,伪装好,完完全全扔在家的外面。其实,无论我们在工作上遇到什么事,都要学会和家人沟通,让家人了解你的心境,了解你在做什么。但是,不要把坏情绪带回家,因为坏情绪会传染,会让家中氛围变差,会让你在外为工作烦恼,回家仍然鸡犬不宁。所以,把坏情绪留在办公区,回到家尽量做好自己在家庭中的位置和角色,为家撑起一片艳阳天。

二、珍惜时间的方式，就是管理好时间

李开复说，自己在和妻子结婚的时候，就已经和妻子坦白，自己一定会很忙，太太也完全知道李开复会有一个忙碌的一生。但是李开复自己在每天工作14个小时的情况下，仍会抽出许多时间来陪家人。他说，当家人在看韩剧的时候，自己在沙发上用电脑回复邮件和处理工作，那么家人就认为这就是陪伴了。但是，当家人需要全心全意的陪伴时，他也会完全投入，甚至关掉手机。所以，珍惜时间的方式，就是管理好工作和陪伴家人的时间。

三、注重语言的沟通，才能让家人的心更加聚拢

在家庭当中，除了不要把情绪带回家之外，更要学会和自己的家人进行语言上的沟通。只有沟通，你才会知道你的妻子今天摆在饭桌上的这道菜，是和隔壁大妈现学来给你做的；只有沟通，你才会知道你的丈夫在下班的路上绕了远，为给你买一块你爱吃的年糕；只有沟通，你才会知道你小时候，你的父亲也像现在身为人父的你一样，努力赚钱为了给儿子一个未来；只有沟通，你才会知道青春期的女儿也开始想要变美。只有沟通，才能让家人的心更加聚拢，才能让家更温馨，更美满。

把谎言说得像真的，婚姻需要"骗"出来的幸福

 开篇叙话

美国心理学家雅克布松说："语言本身蕴含着巨大的能量，是可以帮助解决情感表达的问题的。"当我们的婚姻、感情出现危机的时

候,若我们还想解救我们的感情和婚姻,那么最好的方法就是进行良好的语言沟通。哪怕用谎言,也可以"骗"出一个幸福的婚姻。

身为妻子,丈夫时常夸你菜做得香,并对你说,怪不得外面的饭老是吃不饱,还是家里的饭好吃。可你明明知道,自己手艺一般。但听了这话,总感觉心里暖暖的。

身为丈夫,妻子时常夸你节俭又能干,明明自己什么都不舍得买,一件衣服春秋两头穿,能穿上五六年,给老婆买衣服却不眨眼。可你心里也明白,明明是自己没什么出息,让妻儿跟着受苦。

这样的婚姻,不可能不幸福。举案齐眉,夫唱妇随,恩爱有加,靠的都是善意的谎言和一颗知足的心。

情景再现

故事一:

在一个村子里,住着两个猎人,他们经常一同结伴去打猎。天气越来越冷了,能打到的猎物也越来越少了。两个猎人也时常空手而归。

两个猎人的妻子在平日里猎人出去打猎的时候,也时常聚到一起,做做针线活,聊聊家常。其中一个猎人的妻子说:"我那不争气的丈夫,这两天都空着手回来,也不知道一整天在森林里转悠干什么了。"另一个妻子只是叹了口气说:"再这样下去,我们很快就没有食物了。这大冬天,没有食物,可真难熬。"

这一天,两个猎人又是空手而归。

"你可真没用!什么都打不到,是想饿死我?"被抱怨的猎人一听妻子这么说,心里也不禁埋怨了起来。猎人说:"你知道我在外面打猎有多难?又冷又饿,你出去打猎试试!"气愤的猎人不再理还在唠叨抱怨的妻子。

另一个猎人家里。"对不起,我又什么都没打回来。"猎人抱歉地对妻子说。妻子拍拍猎人身上的雪说:"没关系,家里的食物还够吃,你可别自责。"两人相视一笑。猎人怎么可能不知道,家里食物已所剩无几。

第二天,被抱怨的猎人想,反正自己打到一个兔子,也会被抱怨打到的兔子少,打到两只鸟,也会被抱怨打到的两只鸟不够吃,干脆自己烧了一堆火,烤着火睡了一觉。

而另一个猎人心里想着,一定要让家里有食物,眼睛像猎鹰一样搜寻猎物。就在那天,这个猎人射伤了一头野猪。家里一个月的食物,终于有着落了。

故事二:

男人失业了,他没敢告诉女人,怕女人担心。

男人依旧每天按时出门上班,再在下班的时间按时回家。回家还不忘和妻子说说笑笑,讲一下单位里的新鲜事,无非是今天来送报的小伙子换成了老大爷,又新来了一个漂亮实习生之类的。日子看起来似乎依旧如前。

几天之后,男人在工地上找到了一份短期工,帮别人搬水泥。水泥干燥的粉末飞扬在空中,每袋都很重,背来背去,一会儿男人就浑身是汗。和其他那些民工比起来,他的体力显然跟不上。

到了"下班"的时间,男人又匆匆洗个澡,换上上班前穿的衣服,笑脸盈盈地回家去。一开门,就闻到了菜香,女人又做好了饭菜在等他下班。回到家,总能让男人感到心安。

饭桌上,男人和女人似乎总有说不完的话,男人时不时逗逗女人,女人就能笑得喘不过气。饭后,女人把洗澡水放好,让男人洗澡去。男人赶紧说自己和同事洗完桑拿才回家的。女人说好生活啊你。她轻哼着歌,开始收拾碗碟。男人叹了口气,倒在床上就沉沉睡去了。

有一天,女人忽然对男人说:"你辞了现在的工作吧,林姐介绍了一份工作,你的条件都符合,过去面试就可以了。"男人一愣,说:"可……可以。"第二天,男人去面试,获得了这份新的工作。

他知道,女人早就看穿了他的谎言。他衣服上的水泥灰尘,他洗完澡后回家的沐浴露味道,他每天累得沾床就睡着,他每天出门后左拐的公交车却换成了右拐。所以,最近的饭桌上,一定有一道木耳的菜,用来清肺。而饭桌上的谈话,女人更愿意问及关于男人工作上的问题,之前都不怎么问他。女人哪有那么好骗,她都懂。这一刻,男人假装到阳台抽烟,偷偷抹起了眼泪。

义理解析

爱抱怨的妻子,得到的是丈夫的罢工;善解人意的妻子,得到的是丈夫更加卖力更加拼命地为这个家打猎食物。哪个妻子更聪明呢?善解人意的妻子,懂得用小谎言抹去丈夫的担忧,即使会被看穿,却是艰苦生活中的小甜蜜。

男人和女人因为互相体谅,也因为想保护好对方的自尊心,于是小心翼翼地说着谎,让彼此心安。只有真心相爱的人,才会怕对方受苦,怕对方担心,来用心地说着谎。要不,我们谁愿意出口说谎,毕竟说了一句谎言,就要用无数句谎言来圆这个谎。

婚姻中,也需要我们把握好说话的尺度。所有的话都实话实说,难免会伤害对方的自尊心。一句"你看某某的丈夫,又帅又能赚钱",再一句"学学你小姐妹,打扮打扮减减肥,瞅瞅你越来越黄脸婆",足以毁了婚姻。婚姻在我们的生活中占的比重有多大,幸福的比重就有多大。你想要幸福,就要多用心的去经营自己的婚姻。用"实话实说"来经营婚姻,注定让婚姻坠入层层冰窟,最终只能应验了那句"婚姻是爱情的坟墓"。

出谋划策

相爱容易相守难,婚姻家庭中,想让爱时常保鲜,我们要学会利用好语言,学会用语言来沟通。哪怕我们时常的用心去"骗骗",把对方"骗"得心花怒放,能让我们的小家温馨,也都是值得的。

一、要学会感恩对方的付出,并表达出来

"我们最好的思想,最深厚的感情,只能被最美妙的语言表达出来。若是表达不出,谁能知道。"在婚姻生活中,若对方付出,哪怕小到给你倒一杯水,你也该学会感恩,并用语言表达出来。这不是虚假,

也不是客套，而是天长日久中保持互相尊敬、互相友爱的法宝。试想，这一次他帮你倒了一杯水，你说声"谢谢"，他下次还会甘心帮你倒。你若觉得理所当然，情理之中，那谁都不是做丫头奴才的命，即使是爱人。

二、互相保护好对方的自尊心，需要善意的谎言

婚姻中，再相爱的两人，也无法变成一个人，拥有一样的想法。想让幸福永存，就要学会尊重对方，并保护好对方的自尊心。比如在孩子面前，做妻子的可以和孩子说："你爸爸年轻的时候，可是英俊潇洒，才华横溢。"调皮的妻子冲丈夫眨眨眼，既满足了老爸在孩子心目中的英雄形象，又和妻子形成一种谎言与玩笑并存的默契，增进夫妻之间的感情。

甜言蜜语，只说给家人听

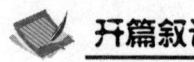 开篇叙话

在情感含蓄的中国人眼里，花前月下，甜言蜜语，似乎只有在小年轻之间，没结婚之前，才会有的甜蜜状态。婚后就是柴米油盐，养老顾小，没时间，也没心情说更多的甜言蜜语哄对方开心。所以，人们将婚姻比喻成爱情的坟墓，没了恋爱时的激情，也没了恋爱时的甜言蜜语。

人生路漫漫，"百年修得同船渡，千年修得共枕眠。"夫妻之间，是用来互敬互爱互相陪伴的，不是用来吵架斗气互相埋怨的。多说一些甜言蜜语，做一个嘴甜的人，能让家庭和谐，夫妻之间关系更

紧密，何乐而不为呢？夫妻感情好了，自然也让双方老人心安，孩子有一个温暖的家庭。

相反，那些认为结了婚，就不要再说什么肉麻的话了，说话直来直去，感情也羞于表达，只会是自己加速了夫妻感情的灭亡，将婚姻推向了冰冷的深渊。夫妻之间难免有误会、摩擦与矛盾，这些磕磕碰碰，在甜言蜜语之下可轻易解决，吵来吵去、据理力争只能让人心变冷。所以，智慧的人，会用甜言蜜语经营好婚姻。

情景再现

蔼明和青云是公认的非常恩爱的一对。但在刚刚结婚之初，两人也为生活琐事争吵，也会口出恶言。这种状态没有持续太久，蔼明便意识到，这样一定会出现危机。蔼明主动向青云道歉说："我们已经是夫妻了，任何事都要商量，相互信任，有话要说出口。吵架没关系，说明我们之间还有隔阂，还需要沟通，这对婚姻是有好处的。我之前的生活环境优越，过惯了衣来伸手、饭来张口的生活，很多时候忘记了考虑你的感受，做得还不够好，我身上的毛病，只要你指出来，我一定改。我愿意为我爱的人改正缺点。"

青云很感动蔼明的一番话，他也真诚地道歉说："我也有错，我脾气不好，又懒惰。你不仅把家里打理得这么好，还要抽空学习。老婆，我为我对你的不理解和不体贴真诚地道歉！"

2000年，青云获得某奖最佳男主角的提名。在此之前，青云已经数次擦肩某奖最佳男主角。当第五次，主持人宣布获奖人是刘先生的时候，青云悄悄离开了现场。蔼明跟在丈夫身边，抱住青云说："你在我心中，是永远的无冕之王！"

然后青云牵起蔼明的双手，凝视着她："上天已经给了我这么好的太太，金杯银杯，都不如太太的口碑！我还有什么不满足。"蔼明被丈夫的话感动得热泪盈眶。

　　青云自从和妻子合拍了《目露凶光》和《世纪之战》后，总觉得不过瘾，和妻子同台演戏令他十分开心。此后每次有记者问他最希望合作的女演员是谁，他总是立刻回答："蔼明！"蔼明听后，将信将疑地问："你是真的想和我一起演戏吗？"青云肯定地说："那是当然啊，演员都希望和默契的对手搭戏不是吗，难道这世上还有比夫妻更默契的一对人吗？"

义理解析

　　青云和蔼明的婚姻，能够一直保鲜，两人一直相爱，和彼此之间互说甜言蜜语有很大的关系。

　　甜言蜜语，能够让对方感受到你的爱意，感受到自己在对方心中的份量和位置，更愿意付出，也更懂得珍惜。互相欣赏，互相坦诚，互相慰藉，互相珍惜，如此相携一生，人生因此而圆满幸福。

　　若不会经营婚姻，吝啬甜言蜜语，只能让对方觉得两个人的心渐行渐远，冷漠相处。冰冻三尺非一日之寒，终有一天，婚姻的殿堂会突然坍塌掉，到时彼此都会感觉无力。

　　失败的婚姻，会给人极大的痛苦，身体没有了避风的港湾，灵魂没有了休憩的场所，人生就会显得格外疲惫和不安。所以，想要有幸福的婚姻，不妨像青云和蔼明那样，用甜言蜜语做感情的润滑剂，让对方互相成为灵魂的知己。

出谋划策

一、对方需要安慰时，别吝啬你温暖的语言

　　我们身为成年人，每天在外面打拼，难免会有受伤的时候，回到

家，我们放下防备，脱下伪装，就是想得到爱人的安慰。这时候，作为爱人的我们，会拿出我们的理解，我们的关怀，给予爱人吗？有的人，反而在这时候泼出去一盆冷水："你真没用！这点小事都解决不了！"听了此言，受伤了的灵魂会迅速穿上伪装和防备，来保护我们的自尊。但在温言暖语的安慰里，我们却能够让伤口慢慢愈合，再充满力量，出去打拼。

二、用甜言蜜语来沟通，经常向对方表达自己的爱意

网上曾流传一个视频，让一群工作在各个岗位上的中年男人，通过打电话对自己的妻子说一声"我爱你"。很多人表示说不出口，难以表达。但是，当电话里男人说出"我爱你"的那一刻，有的妻子笑得像刚刚恋爱的女子，有的妻子流出了感动的泪水。可见一句"我爱你"包含了许许多多的感情，能融化心中的坚冰，也能加深夫妻之间的感情。

有些秘密永远都不能说

 开篇叙话

夫妻，是除了父母子女之外，生活在一起最久的人，所以也是世界上最熟悉和了解彼此的人。那么夫妻之间到底应不应该有秘密呢？

夫妻之间这种特殊的关系，给"秘密"的存在限制了一个条件。有些秘密不说出口，露出了破绽，会让对方产生出不必要的猜忌，信任度出现问题，也可能会伤及感情，轻则争吵，重则离婚。

但其实有一点，我们可以明确，就是"秘密"本身不是重要的，

重要的是我们说与不说，都是为了保护好这份感情，维系好两个人的关系，避免了错误的表达方式而伤害了彼此之间的关系。

所以，有些秘密，就让它埋在岁月的河床里，为了家庭的稳定，永远也不要说出口。

情景再现

小林和相恋九年的女友分手了，在经过一段时间的伤痛之后，小林经过介绍，和现在的妻子结了婚。

婚后的生活很平静，妻子是个善良温柔的女人，在家操持家务，照理好小林的一切。小林很感谢妻子，也很满意现在的生活。

偶然的一天，小林在去隔壁城市开会的时候，遇到了高中同学，也是前女友的好朋友。故人相见，当然聊起了旧人旧事。小林得知，前女友结婚之后，总是遭受到家暴，就在几个月前离婚了。

开完会回来后的小林，精神恍恍惚惚，总是想起前女友的身影。想当初，两个人都是赌气，小林想要再积累点工作经验和财富再结婚，前女友却觉得，小林这样做是不够爱自己。一赌气，前女友说："你不娶我，有人娶我。"于是和一个追求了她很久的男人迅速闪电结婚了。而小林却幸运得多，娶了一个好女人，生活安稳平静，自己也还算幸福满意。

小林心里不是没有自责，如果自己当初不那么固执，娶了女友，女友就不会嫁错人，就不会遭受家暴，也不会年纪轻轻就离了婚。小林每天愁眉苦脸，这一切也都被妻子看在眼里。

妻子问小林发生了什么难事？小林难以启齿。但他觉得这种秘密应该告诉老婆才算坦诚。于是，小林将刚刚得知前女友离婚了的事一五一十的告诉了妻子。让小林没有料到的是，一向善解人意温柔大方的妻子，这一次却只留下了冷冰冰的一个背影，将门重重地摔上了。

之后的日子，妻子不再像从前那样温柔，也是满腹心思，愁眉不展。小林不知所措。这是他想要的吗？终于，这天小林下班之后，发现饭桌上不再是一如往常的一桌可口饭菜，而是一纸离婚协议书。

义理解析

小林原本有一个幸福的家庭，有一个温柔的妻子，可他却把心中不该说的秘密告诉了妻子，让妻子伤了心，有了芥蒂。一个女人，肯温柔对待你，肯给你所有照顾和关爱，那是因为你是她的丈夫，你在她心中是唯一。而她也想做你的唯一，在你那里得到独一无二的爱。

但是，念着旧情的人，有没有想过，对方知道了该会怎么想，现在的这份感情又算什么？夹在两份感情之间，有多尴尬？

有些秘密，守口如瓶比较好，永远都不要说出口。说出口了，那份情的滋味就变了，人心就变了。就像过期了的罐头，原来的罐头味道再好，过期了，就不是原来那个味道了，价钱也不是原来的价钱了。

别让秘密成为婚姻破败的理由。有些秘密能说，有些伤人心的秘密，千万不要说出口。

出谋划策

有些秘密，不让你说出口，不是让你事事隐瞒，夫妻之间不坦诚相待。而是要甄别好，什么样的秘密会是婚姻的炸弹，一旦说出口，就会造成无法挽回的局面。

一、多了解两性心理差异，把握好对方的底线

教育心理学专家刘盈江说："夫妻关系最理想状态，就像是两个交叉的圆，允许各有隐私，保持个人空间。"两个圆完全重合，是不可能的，会导致婚姻"发条"的爆裂。两个圆完全不重合，也是不

可能的，这样如同形同陌路，没有交集，两个人拥有无限自由，婚姻注定解体。所以，拥有和谐完美的婚姻，就要多关注两性的心理差异性。通常，女人看重安全感，男人更看重自尊心。把握好了对方的底线，就知道有些秘密该说不该说了。

二、不仅仅是让对方免于受伤，也是为了保护自己

有些秘密，说出口会让对方伤心。但有些秘密，我们不仅是为了让对方免于受伤，也是为了保护好自己。曾有网友说自己在婚前有吸毒史。认识男友时，两人十分相爱，相见恨晚。婚后的日子，二人十分幸福。但对于自己的过去，她内心始终有一个结。有一天当她把自己过去的事情告诉丈夫的时候，丈夫十分愤怒，无法接受她的过去，第三天就和她办了离婚手续。当然，过去的错误，错在自己。但为了现在的婚姻，为了两个人的幸福，有些秘密，就不妨让它永远是秘密。

经典箴言

家是温馨的港湾、保护我们心灵的避难所。家很强大，家也很脆弱。只有用温暖的话语像织布一样，一针一线的用心经营，才会织就出一块温暖的毛毯，温暖呵护我们心灵。所以，回到家里，不要想说什么就说什么，别在家里冷言冷语，别让家中充满语言的暴力。

下 篇

不会说话,让你事倍功半

> 会说话,张口有料,妙语如花,就如同锦上添花,好的事情会越来越好,顺境之中会越来越顺。会说话,才会收获人心,才能收获下属的忠诚;会说话,才会得到领导的赏识,同事的拥戴;会说话才会让家人开心,增加幸福感;会说话,让我们节节高升,事半功倍。

第十一章

转换心锚,做得好也要说得好

古人在教导后人说话技巧时说"言贵和平"。意思是说,与人交谈要心平气和,口气要平等,不以话压人,分对场合说话,更不能说话伤害人心,不揭人短。这样,我们才能做一个会说话的人。能做事,再加上会说话,成功的旗帜必然会插在人生的某一个驿站。

到什么山头唱什么歌,说话必须看场合

 开篇叙话

　　《论语》中有句话:"不得其人而言,谓之失言。"意思是,说话要分场合,要讲究对象,不同的场合面对不同的人,说的话也不尽相同。对不恰当的人说了不恰当的话,就是失言。失言的后果,将是"失人"。失去人脉,少了一条路,多了一堵墙,也会成为失败的导火索。如蝴蝶效应一般,一只南美洲亚马逊河流域热带雨林中的蝴蝶偶尔扇动了翅膀,在两周后引起美国得克萨斯州的一场龙卷风。

　　一位湘籍女歌星,被邀请到家乡做嘉宾。主持义演节目过程中,她见到家乡的人显得十分激动,和大家说道:"在去年某地举行的青年歌手大奖赛当中,我给咱家乡的参赛选手可是打了最高分,下一次,若是'娘屋里'的伢子再来参赛,我还要给他们打最高分。"

　　这话如果是在后台,面对自己的家乡人,私下场合对"娘屋里"的人说,不仅让人觉得她有人情味,还会赢得好感。但是,在义演这种严肃的场合中,说起给参赛选手打分的事,会让众人觉得她有失理智,感性成为了主导。以后的参赛,谁还相信公平公正?众人难免都会认为比赛打的都是感情牌吧。

　　到什么山头唱什么歌,到什么场合就要说什么样的话,否则,失一言,一万言也补不回。

情景再现

故事一：

从前，有一对父子在小镇的集市上卖便壶（旧时家里经常会用到的，夜里小便用的器具）。两个人决定分头去卖，这样客户会多一些，卖得能快一些。父亲在南边的街边卖，儿子在北边的街边卖。

儿子在卖货的时候，摊位前来了很多客人。一个人拿起便壶看了看，说道："这个便壶有点大呢。"儿子马上接着顾客的话说道："大点的便壶多好啊，装的尿多。"在场人听了纷纷窃笑，那人脸红着离开了摊位。其他顾客也窃笑着离开了。

在南边街道上卖便壶的父亲，说的话却完全不同。也有顾客拿着便壶说太大了，父亲连忙说："大是大了点，可是这冷天儿，冬夜长啊……"顾客听了，觉得是这个理，于是掏钱买走了便壶。

当父子会合时，父亲便壶已经所剩无几，儿子的却没卖出去几个。

故事二：

罗威尔·陶马士是举世知名的新闻分析家、演说家和电影制片人，他需要在很多场合发表公开演讲。有一次，他在讲论"阿拉伯的劳伦斯"时，场下气氛十分沉闷。他想，怎么能吸引住人们的注意力呢？于是，他想了这样一个开头：

"有一天，我走在耶路撒冷的基督街上，突然视线中出现了一个奇特的男子。他穿着华丽的君子袍服，身上挂着一把黄金弯刀，而那弯刀，据我所知，只有先知穆罕默德的传人才能佩戴。"

罗威尔·陶马士成功打破了当时所在场合的沉闷气氛，引起了大家继续听下去的兴趣。

义理解析

卖东西的场合,最重要的是嘴甜,能够让顾客感觉这钱花得心里舒服,并且决定去买你的东西。像儿子这样说话,关起门来家里人说还好,在外面说难免不雅。话说得不好听,顾客心里不舒服,自然就不会买你的东西。父亲的话和儿子的意思虽然相同,可转换成文雅的说法,就让人好接受多了。

罗威尔·陶马士为了打破沉闷的气氛,吸引人们听他讲话的注意力,一开头就以讲故事的方式讲述自己的亲身经历。这样的开场白在这样的场合,很容易就吸引了观众的目光。

场合,永远是衡量一个人是否会说话的试金石。说话的场合,暗藏着太多的玄机,把握好说话的分寸和尺度,就是掌握了一门制胜的法宝和技能。

到什么山头唱什么歌,场合不同,说话的方式也不同。不讲究说话的场合,就达不到特定的氛围,也有可能"词不达意",还有可能说错话,"一失足成千古恨"。分对了场合,说对了话,事半功倍,也能名扬千里。尤其在职场中,一定要看场合说话,以步步为营为基准,小心开口。

出谋划策

一、想办法开个好头,从一开始就吸引住对方的注意力

有的场合当中,所讲内容枯燥无聊,抽象难懂。所以作为讲话者,就要想办法让听众有兴趣去听,并且信服自己所阐述的观点。这样就要开一个好头,一开始就把听众的注意力吸引住。这一点,适用于演讲当中,或者学术报告,尤其适用于教师的授课。

二、聪明之人,在众人之中"少言寡语",也是一种明智的选择

有些场合其实是不适合开口说话的。比如,身为老板的秘书,在

老板与其他老板们侃侃而谈的时候，你能够也插进去几句，和老板们高谈阔论吗？显然不合时宜。聪明的人该知道，有些场合，应该适时的保持沉默。

三、场合不同，说话的方式和表情也不同，表情到位说的话才能到位

许多优秀的政治家和企业家，不仅仅是说话逻辑清晰到位，仔细观察，会发现他们的表情和说话方式也很到位，也就是说，有一定的"表演"才能。美国前总统里根，演员出身。刚刚当上总统时，外界曾揣测里根是否有做总统的能力。然而正是由于里根做过演员的缘故，在总统的位置上，在任何场合都能够"表演"自如，游刃有余。每个人在人生舞台，都要根据社会的要求，在不同场合、不同职业、扮演不同的角色。只有用不同的角色、不同语言，才能够把控好任何一种场合。

猜透对方心思，靠"同理心"投其所好

开篇叙话

职场修炼的最高境界，仅仅掌握一门独门技术，只靠"手艺"吃饭是远远不够的，还要有丰富的人脉资源来发挥。拥有这两项技能，才能修炼成职场高人。好的人际技能，能提高工作绩效，能更好的在同事之间展开共同协作，也能让领导感知到你的高情商。而掌握人际关系的技能，就要懂得换位思考，靠"同理心"赢得人脉。

同理心，又叫做换位思考、神入、共情，是指能够站在对方立场上，设身处地站在对方的角度上思考问题和解决问题的一种方式。在

人际交往的过程中，能够体会他人的情绪和想法、理解他人的立场和感受。同理心，主要体现在自身情绪的自控、换位思考、倾听对方的表达，和表示尊重等与情商相关的方面。

我们学会运用同理心，也就能够猜透对方的心思，继而顺着对方爱听的话去说，赢得人心，塑造和谐的关系也就不再是一件难事。

情景再现

故事一：

卡耐基曾讲过这样一个案例：

我买了一件上衣，但是上衣褪色特别严重，甚至把皮肤都染成了黑色。于是找回买衣服的地方，想退掉。

第一个售货员，在我还没有把话说完，就打断了我，并且说："这样的衣服，我们已经卖出去好多件，来退货的，你还是第一个。"话里话外是在指责顾客是个刁钻刻薄的人。

第二个售货员说："就像这样类似的黑色衣服，都要褪点色的，这是没办法的事，这个价格的衣服都这样，染色的问题。"话里话外说的是顾客花了这么少的钱买了这样质量的衣服，还想贪什么便宜。

这时，经理走了过来，经理先后的反应顺序是这样的：他从头到尾听我叙述了一遍起因结果，过程中十分安静，没有打断过我；接下来，售货员们纷纷表达意见，将刚刚的理论重复了一遍。然后经理来到我身后，看了看我的脖子，说确实把皮肤染黑了。最后，经理询问道："那么顾客您的意见是？"

原本准备退掉上衣的我，面对经理改了口说道："还有别的补救措施么？"经理建议我再试用衣服一个星期，若到时还是不满意，再来换一件满意的，并且真诚的道了歉。我答应了，回家之后洗了一次，不再掉色。

故事二：

有一位太太，对她的丈夫越来越不满意。有一天，在大街上遇到了丈夫的朋友，于是她便对着丈夫的朋友大发牢骚。

"我一定要和他离婚，我实在受不了，每天都很崩溃。"太太气愤地说。

"我早就跟他说过啦，好好对待你的太太。看来，他还是没有照顾好你。你说说看，他都怎么啦？"朋友问。

"他好吃懒做，每天我忙家务，他一点忙都不帮不说，还添乱。而且，我发现，他就是个伪君子。结婚之前谈恋爱那会儿，对我言听计从，好得不得了，结了婚，全都变了！"

"嗯，这样的伪君子，确实应该和他离婚，我赞同你。"丈夫的朋友点点头说。"但是，你要是这个时候和他离婚，他不但不会感觉到痛苦，也许还会很开心恢复到了单身。依照我的意见，你这两个月就拼命对他好，对他言听计从，并且赞美他恭维他。等他重新爱上你、离不开你的时候，你再和他离婚，他一定会苦不堪言。"

太太大喜，觉得这是个好主意。于是，回家立刻将这个计划实行了起来。

两个月后，这位太太又遇到丈夫好友，好友问："离婚了吗？"这位太太不好意思地笑笑说："不离了，因为在我改变对待他的方式之后，他也改变了，甚至对我比恋爱时候还好。"

义理解析

站在对方的角度思考对策，想对方之所想，急对方之所急，能让对方感觉到自己被理解，被倾听，是为同理之心。

聪明的经理运用"同理心"，站在客户的角度，为客户的利益去考虑。但解决问题的时候，则站在双方的的利益角度上，既让对方满意，又不损失己方的利益。这就是经理解决问题的妙招。

聪明的朋友运用"同理心"，顺着气愤的太太的语气，站在太太的角度为太太想办法，让太太对他的话信服。结果，按照这位朋友的预想，夫妻关系缓和，解决了夫妻问题。

生活中，我们也可以运用"同理心"解决很多问题。不会运用"同理心"，就会产生很多问题。比如，就无法理解和体会对方的感受，就很容易说出对方不爱听的话，甚至是得罪对方。别说赢得人脉和解决问题，不产生矛盾就算万幸了。

职场中，不会运用"同理心"，就无法揣测领导心意，无法和同事相处融洽。我们需要运用同理心制造出和谐融洽的人际关系，更需要用同理心给我们的人生减少误会和冲突。

出谋划策

一、尽力与人方便，与人方便就是给自己留一条后路

在生活与职场中，我们所在的位置，在和人打交道时，尽量与人方便。比如，作为人事安排的你，遇到有小孩的妈妈，家中有待产妻子的男同事，或者抱恙在身的老同志，都要尽力给予他们最好最方便的工作安排。这属于善良的一种，真正的为他人考虑，也就真正的做到了"同理心"，他人也会因此而感激你。

二、营造齐心协力之感，让人感觉到大家在同一战线之上

工作中，基本上没有单枪匹马能够完成的任务，都需要团队之间的协作。同理心，能够营造一种大家齐心协力之感，能使问题得到快速有效的解决，同时也能够缓解工作中紧张的人际关系。比如，在我们与人一同完成的工作出现了错误的时候，如果不及时解决，就会影响下一步工作的进行。我们这时就不应该计较谁是责任的承担者，也不能急着去责备对方，只问如何做，才能一起解决掉问题，弥补损失。如此一来，大家以解决问题为中心，双方统一战线，互为对方考虑，努力将事情解决掉。

三、取得同理心的同时，收获别人的感动

有一个孩子，从小就被诊断为智障。疼爱他的奶奶已经很老了，老人逐渐变得惧怕死亡。老人总是对孩子说："奶奶快要死了。"别人听到奶奶这么说，都会安慰道："你会长寿，不会死的啊，还硬朗着呢。"可孩子却说："呀！我可舍不得你啊！"简短的话，让奶奶热泪盈眶。是啊，别人都是安慰，只有孩子说出了奶奶心中惧怕死亡的原因，是因为留恋和舍不得啊。可见，同理心还能收获感动。

揭人不揭短，不在别人伤口上撒盐

开篇叙话

古时候，吴国有一才子，名孙山。孙山和同乡一起参加科举考试。考完之后，孙山回到家乡，遇到了同乡的老父亲。老父亲就问孙山自己的儿子考上了没有，孙山答道："解名尽处是孙山，贤郎更在孙山外。"孙山的回答委婉而含蓄，在告诉了同乡老父亲儿子落榜的结果时，没有去戳对方的痛处。

曾国藩曾说："予人一分面子，人必予两分面子。伤人一分面子，人必损十分面子。为人处世，面子不可不慎。"由此可见，伤人面子在人际交往中十分忌讳。所以，切莫揭人短处，戳人伤心之处。

俗语说："打人不打脸，骂人不揭短。""东施面前不言丑人。"说的都是千万不能随便触碰别人的短处。人人都有自尊，人人都怕人前丢脸。这就像人家站在悬崖边，你去推了一把所犯的罪过一样，能让人的心冰冷如坠深渊。

▎情景再现

故事一：

曾有一个女孩诉苦说，自己的工资不到2000元，本来心中已经十分苦闷，在同龄人当中已属"苦难户"，十分不愿意提及自己的工资问题，可偏有人打破砂锅问到底。

她原本就觉得自己工资太低，不是很愿意参与班级群里的讨论，怕被问及工资问题。可有一次，另外一个女生在群里抱怨自己的工资低，然后看到她在线，便问她现在过得怎样，工资和积蓄如何。她支支吾吾不愿回答。于是那女同学主动提示："4000？"她回答："没有。""3500？""没有。""3000？""没有。""2000？""不到。"

接下来群里炸开了锅，大家纷纷表示2000块的工资什么都买不了，这样的工作做着还有什么意思啊。就是名声好听，比较气派，工作环境也好，原来好多同学还羡慕她的工作。这一下，全班同学都知道她的工作只是表面风光而已，让她郁闷不已。

故事二：

朱元璋称帝，一个打小一起玩到大的小伙伴，听说朱元璋做了皇帝，到京城里来找朱元璋，想要谋个一官半职，跟着风光风光。

这个人千里迢迢从老家赶来，费尽周折进了皇宫。一见到朱元璋，就当着众人的面嚷了起来："我的天啊，朱重八你这皇帝当的威风啊！是不是连我都不记得啊！当年，咱俩一起光着屁股长大，你可是干了不少坏事，总是让我替你挨打。有一次，咱俩一起偷了鱼塘里的鱼，偷着用破瓦罐煮,还没等煮好,你就先抢来吃,瓦罐都被你心急得给打烂了。你吃得太急,被鱼刺卡在喉咙里,还是我给你弄出来救你一命啊!你可没忘了吧?"

这一席话,让朱元璋如坐针毡,面对全朝文武百官,自己的脸都红得发烫,小时候那点短,全被他揭出来了。可那家伙根本看不出哪里不对,仍然喋喋不休地讲他们小时候一起发生的糗事。结果,朱元璋下令,将此人斩了首。

义理解析

女孩被人揭了短,内心十分苦闷。而这种苦闷,若非本人,也许根本就无法感同身受。所以,千万别揭人短,因为你不知会给人带来多大的痛苦。

愚笨的老乡,以为这样揭朱元璋的短是在套交情,哪知农民出身的开国皇帝,并不想忆苦思甜,甚至比较忌讳谈及自己穷苦的过去。最后落得个斩首的下场。

说话揭人短,轻则让人觉得你这人不可交,喜欢挖苦讽刺人;重则激到对方,恼羞成怒,怀恨在心,过后也许会趁机报复。有些人往往不知道在哪里就惹到了小人,常常有人在背后使坏,这时就不妨先想想自己是不是也不给自己留"口德",在某些时候因为揭了别人的短,而招惹了对方。

揭人短,不仅仅是情商低的问题,甚至会被人怀疑人品有问题。只有那些品德不好的人,才会口无遮拦,不把伤害别人当回事。所以,生活中若不想做恶人,不想被人厌恶,千万别揭人短处,在别人伤口上撒盐。

出谋划策

《菜根谭》告诫人们:"不指责别人小的过错,不揭露别人的隐私,不要念念不忘别人以往的不良行为。能做到这三样既可以培养自己的品德,也可以远离灾祸。"前人的道理一点不假,培养品德,远离灾祸,都该做到不揭人短处。

一、生活中，不揭人短，不言人私，远离是非

《弟子规》中说："人有短，切莫揭。人有私，切莫说。"生活中，我们不要揭人之短，更不要搬弄别人的痛处。人无完人，各自都有缺陷，或家庭不幸，或身体有残疾，或心里有难言之隐。这样的人，本身心里已经很痛苦，若被人揭短，则是雪上加霜，苦不堪言。总有一天，会有人还击你，即使他能够当时不予还击，以后他也会记恨。每个人都得为自己的口无遮拦付出代价。

二、不仅自己做到不揭人短，遇到别人这样做要及时制止

古今中外，几乎所有有修养之人，都不会以揭人短处为乐。据《封氏闻见记》中说：程皓在唐朝做检校刑部郎中时，从不论人短。当友人和他谈及别人短处时，还能够为被谈及的人辩解："以讹传讹的话，不信也罢。"以此终止别人的揭短行为。程皓不仅不论人短，还会积极主动地去发现别人的优点，夸赞别人的优点。这样品德高尚的人，怎会不让人喜欢呢？

经典藏言

稻盛和夫说："人生的法则，我已默许许多：人生是人自己内心的真实反映，可加以扭转。年轻时我干什么都不顺畅，希望屡屡落空。为什么我的运气这么差、这么倒霉呢？我的人生为何如此不顺？难道老天在考验我吗？我满腹埋怨，怨天尤人。然而在一次次挫折中，我渐渐领悟到，所有这一切苦难都是由我自己的心态所引起、所招致的。"所以，不妨反观内心，如果你运气不好，总是失败，看看自己都说过什么话。

第十二章

乘风破浪,说得好更要说得巧

君子善用权术,做事如此,说话亦如此。有时候,是需要保护自己,说话要婉转曲折;有时候,是为了巧妙的拉拢别人,那就给人戴一顶合适的高帽;有时候,是想要在交际场中如鱼得水,有些花言巧语我们必须说给对方听。把话说好了是一门学问,把话说巧了,更是一门技术。

通达权变,说话要婉转曲折

开篇叙话

庄子在《秋水》中讲道:北海若曰:"知道者必达于理,达于理者必明于权,明于权者不以物害己。至德者,火弗能热,水弗能溺,寒暑弗能害,禽兽弗能贼。非谓其薄也,言察乎安危,宁于祸福,谨于去就,莫之能害也。"

也就是说,了解道的人,必定是通达于理,而通达于理的人,又必定明白权变,明白权变的人,才不会因为外物而伤害和累及到自己。有至德的人,能明察安危,安于祸福,谨慎地处理离去和追求,故没有什么东西能损害他。

而我们在说话的时候,若能够通达权变,婉转曲折地去表达,怎么说都滴水不漏,怎么说都不会让对方挑出毛病,那么,外界的任何因素就无法伤害到我们了。

情景再现

王阳明,明代著名的思想家、文学家、哲学家和军事家。王阳明的一生十分坎坷,在朝廷中,遭遇不公平待遇;平定四省民乱,出生入死却未封赏;平定宁王叛乱,却反遭诬陷,陷入困境,惹来杀身之祸;在招抚思田流民立了功,却只得到朝廷一丝安慰;在婉劝皇帝时,得罪了宦官,被贬官,还要被追杀,差点丧命。

同一时期，南京御史蒋钦在弹劾宦官时，先后直谏皇帝三次，三次都被打九十大板，直到最后一次，没挨得住板子，失去了生命。用生命相谏，固然是大义凛然。但于人而言，生命是自己最宝贵的。

这一时期，王阳明也劝谏皇帝。但王阳明语气委婉，柔中有钢。劝谏当中，没有一句去权奸这样用来声讨宦官的言语。但是，王阳明保护言官的行为，还是得罪了"眼里不容沙"的宦官。于是，王阳明从中央被贬到贵州龙场，做起了驿丞。

从中央被贬到偏远的地方，本来就已经很惨了，但宦官并不打算放过王阳明，一路派人追杀暗杀王阳明。王阳明巧妙地布置了一个假自杀的现场，让追杀的杀手误以为王阳明已经自杀，躲过一劫。

王阳明到达所贬地点贵州龙场，与当地民众相处得很好，并开始悟道，发明了知行合一的学说，广招门徒，宣学布道。

王阳明在谏君时，通常都是自我批评一番，怪自己没有胜任自己的任务，以此给皇帝增加心理负担的迂回方式。王阳明深知一个道理，臣子建言：用则可，不用则死。而为了国家，为了百姓，又必须曲尽心机去谏言。王阳明认可："古之所谓豪杰之士者，必有过人之节。人情有所不能忍者，匹夫见辱，拔剑而起，挺身而斗，此不足为勇也。天下有大勇者，猝然临之而不惊，无故加之而不怒，此其所挟持者甚大，而其志甚远也"的态度，但王阳明从来不会做以卵击石的傻事，王阳明更懂得生命的宝贵，没有了生命一切等于零。所以王阳明从来都不屑于和小人争斗。

义理解析

王阳明若像南京御史蒋钦那样直谏皇帝，也会和蒋钦落得同样的下场。他深刻明白一个道理：外界环境的情况和存在，并不以自己的意志为转移，想要成功，无论官场中，还是仕途中，都必须尊重外在环境，并顺应环境。处理好任何事业的前提，都是从处理好眼前的环境开始的。要学会适应环境，也要讲究斗争的方式，这就是通权达变。

在通权达变中，最重要的就是不可直言，说话要婉转曲折，能够在委婉地表达自己的意思同时，又不得罪对方。当今社会，尤其在职场中与领导相处，正所谓"伴君如伴虎"，和领导说得开心了，能有加薪升职的机会，但一个不开心，就是被炒鱿鱼，还有可能会背黑锅，陷入官司当中。失败可以重来，但是有些失败，却可以让人一蹶不振，再难东山再起，人生滑到谷底，四处孤立无援。

总之，做人做事当如王阳明一样，会通达权变，会婉转表达。

出谋划策

通达权变，要求我们时刻动脑，就像美国石油大亨洛克菲勒告诉他的员工说的那样："请你们不要忘了思考，就像不要忘了吃饭一样。"

一、学会观察身边的环境，利用好身边的环境

就像王阳明所说，我们身边的大环境，是凭借我们一人之力所改变不了的。那我们要跟环境斗争吗？显然不是。我们首先要学会观察环境，将有利于我们的因素和不利于我们的因素都划分好，利用好有利于我们的因素，避开不利于我们的因素。比如，身边的领导是一个不喜欢拍马屁的人，那我们就要变成一个不爱怕马屁的人，连高帽也要小心翼翼的戴；说话更要注重不能油腔滑调，尽捡好话说。

二、就算婉转曲折，也尽量在人少的时候私下里说

有很多话，虽然是用一样的语言来表达，但是当着众人的面说出来是一个效果，私下里单独说又是一个效果。比如一件简单的小事，你想因私事请个假，当着众人的面跟领导说时，领导要顾及给了你假

期，别人也都随便来请假，岂不是乱了规矩。如果私下里找领导婉转曲折的表达一番，哪怕多费点口舌，尽量表述出非请不可，那成功的几率就算不是百分之百，也要高很多。

三、学会用通达权变来保护自己

职场中，"害人之心不可有，防人之心不可无。"在这个充满了利益的染色罐里，我们很难分辨出敌我。就算分辨得出，也还有"倒戈"的情况。所以，我们要学会用通达权变来保护自己。学会随机应变，学会分辨场合，不该说的话不说，该说的话婉转曲折地说，该表达意见的时候最好换成建议，对人发表看法时尽量说好话。以此来保护自己，才能在职场中披荆斩棘。

巧戴高帽，帽子要戴到别人头上才有效

 开篇叙话

有人在网上发了这样一个问题：什么样是情商高的表现？下面有人回答说："大学语文老师讲过一件事，一个朋友到老师家做客，恰好那天老师的儿子将女友带回家中。一进门，这位朋友就只说了一句话：'你儿子眼光和他爸一样，会挑！'这短短一句话，一下子夸了四个人。"

在我们的日常工作、生活当中，需要适时给戴高帽的人很多，需要给人戴高帽的场合也很多。戴得好了，恰好戴到人的头顶，能把人说得心花怒放，也体现出了自己的修养和高情操。

戴得不好,就容易起到适得其反的效果,引起对方反感,也会让人觉得你在阿谀谄媚,工于心计。也容易让人觉得你说话言不由衷,给人虚伪做作的印象。这样一来,不会有助于人际关系的和谐,还会成为人际关系网上的一个漏洞,

情景再现

故事一:

有一个黑人出租车司机,一次,他载了一对白人母子。年幼的儿子问母亲:"为什么司机伯伯的皮肤和我们的颜色不一样?我们的是白色,他的是黑色。"

母亲回答:"上帝想让这个世界成为一个缤纷多彩的世界。于是,在创造人类的时候,他创造了不同颜色皮肤的人类。"

这对母子到了目的地后,黑人出租车司机坚持不要这对母子的乘车钱,因为他从来没有听过关于他的肤色这么美妙的回答。

故事二:

公司里新来了一个大学生,年轻有活力,脑子也足够聪明。可是,似乎是过惯了大学悠哉悠哉的散漫生活,对工作不是很上心,没有把心思全部用到工作上去,散散漫漫,偶尔还有迟到早退的现象。

公司总经理对副总说,"这样的年轻人,留着难道是让他在我这里养老?"副总人比较惜才,对总经理说:"我看这小子脑筋挺灵活,再观察一段时间,不行再炒了也不迟。"总经理点点头。

副总找到大学生,对他说:"最近单位这批年轻人里,我觉得你还行,比其他人脑子活,够聪明。所以,我最近手里这个项目想让你接手一下。我刚和总经理商量过,总经理还不是很放心你的能力。但我觉得你再努努力,使使劲儿,你能行。单位里还没有过这样的先例,把类

似这样的项目交给一个新人,所以,你自己认为你自己行不行?"

大学生听完副总的话,一股热血涌上脑子,恨不得立刻就甩开手去干。"我行!我努力!"

随后,大学生搜集来了项目的所有背景资料,又找来了成功案例的各种范本,每天加班到深夜。就这样,和副总两个人经过将近一个月的时间,成功地完成了项目的策划,拿下了一个大客户。而这位大学生也从此一改往日懒散,被提升为项目组组长,准备在自己的位置上作出一番成绩。

义理解析

白人的母亲很智慧,给黑人出租车司机戴了一顶安慰的高帽,让黑人出租车司机感受到了尊重,也感受到了人与人之间的温暖。同时,也潜移默化地教育了儿子。

副总的做法给新来的大学生戴了一顶高帽,激励出了大学生本该发挥却没发挥出来的潜能,同时也为自己所用,为公司创造了利益和价值。所以说,谁说领导就不能给下属戴高帽呢?谁都可以给别人戴高帽,只要是正面的,积极的,能够引起好的影响和效果的,我们都可以给别人戴上一顶漂亮的帽子。

人生中,有时候过于严肃,不喜欢给别人戴上漂亮的高帽,也是一种自私的表现。就像一个只喜欢索取、不喜欢给予的人一样。人人都爱被戴高帽,你却不喜欢送人高帽,不是很自私吗?这样的人,在人际交往中,难以交到朋友,难以说服别人,也难以成就大事。

出谋划策

巧戴高帽并不难,只要我们用心,就会找到别人"弯腰"的时候,趁着别人"弯腰",总会戴上这顶合适的高帽。

一、巧戴高帽，尊重和顺应最重要

巧戴高帽要注意两点：一是尊重，即以尊重对方为前提而戴的高帽，不是调侃，不是夸张，不是言过其实，也不是为抬高对方而贬低别人。所以，一定要以尊重为前提，这是起码的修养。二是顺应，即顺势而为之。不刻意跳着脚去给人戴高帽，只是顺应了当时的情景，顺应了当时的心境，给人轻轻戴上一顶高帽，互相都有好心情。

二、"隔空"戴高帽，虽然离得远，也可以戴得恰到好处

"隔空"戴高帽，就是通过第三方给对方戴高帽。虽然没有直接并当面戴高帽，但这样的高帽让人戴得心里却格外开心。因为自己戴上了这顶高帽之后的"美"，不只你我看到，还有第三方看到，多了一个"美"的见证人，谁不开心呢？比如，当着隔壁部门同事的面，夸赞隔壁部门的整体工作氛围好，人人都很能干，就相当于"隔空"给隔壁的每个人戴一顶高帽，被隔壁其他的同事知道了，能不开心吗？

有些花言巧语必须说给对方听

开篇叙话

朱熹在《朱子语类》的第20卷中说："巧言，即所谓花言巧语，如今世举子弄笔端做文字者是也。"而"花言巧语"，主要着重于"花"，可以"迷惑"人。

"花言巧语"出自典故《西厢记》：张生爱慕崔莺莺，便写了一封情书，委托崔莺莺的丫鬟红娘，把情书带给崔莺莺。莺莺读过信

后，佯装生张生的气，给张生回了信，而实际上却是约定与张生私下里见面。丫鬟红娘看出了小姐的破绽，也故意装作不愿给张生送信去。莺莺只好花言巧语，骗红娘去给她送信去。

如今，"花言巧语"常常被人用做贬义词。但是，有时候我们可以用花言巧语做成许多事。俗语说："说得口吐莲花现，骗得麻雀下地来。"而我们，不是要骗人钱财，也不是要骗得名利。有些时候，有些场合，不说一些花言巧语，就办不成事。

有时候，花言巧语可以让对方不好意思开口拒绝你；有时候，花言巧语又可以插科打诨避重就轻的解决一个矛盾；还有的时候，对于孩子适当的使用花言巧语，也能够哄着孩子既没有叛逆心理，又完成了你想让他完成的事。可见，花言巧语没那么坏，只要我们用对场合与对象。

情景再现

故事一：

有一位员工想加薪，思前想后，他决定去找领导谈谈。见到领导后，这位员工支支吾吾说道："领导，你看我做了这么久了，是不是该涨涨工资了？"

领导放下手中的工作，微笑着对员工说："按时间来说，你的工资确实该涨了。"员工听后很开心。这时，领导一边从抽屉里拿出一张工资标准的表格，一边对员工说："但是，你的工资，已经是你所在的这个级别的最高工资了。想要涨工资，只能等到晋升到上一个级别。"

员工羞红了脸："啊，我忘了我是哪个级别了。"说完后，员工狠狠地从领导办公室退了出来。

故事二：

有一则寓言，讲的是森林里兽鸟大战时期。蝙蝠不想参与战争，想要和平。可是兽鸟之间互不相让，战事不断。

有一段时间，兽方占了优势，蝙蝠便飞到兽类里去暂时躲躲，过几天太平日子。蝙蝠被兽王看到了，对蝙蝠说："你，长着翅膀的，肯定是鸟，是来做间谍的吧？来人，把它抓起来。"

蝙蝠赶紧说："不是的，大王，我不是鸟类。不信，你可以去找森林里最有学问的动物来问问！你看，我这张脸长得多像老鼠。而且，我在兽鸟作战中，可以有不小的功劳，因为我有雷达系统，可以巡视敌情。"兽王一听蝙蝠这样说，便将它留在了身边。

后来，鸟类又占了优势。蝙蝠赶紧来到鸟类这边，找到鸟王，说自己在兽类里做了间谍，掌握了第一手军情。于是又在鸟类里混得如鱼得水。

义理解析

聪明的领导没有批评员工，也没有拒绝员工，而是花言巧语地摆明了道理，让员工自惭形秽。第一，领导说"按时间来说，你的工资确实该涨了"，这句话安慰了员工，让员工觉得自己不是无理取闹；第二，领导说"你的工资已经是所在的这个级别的最高工资了"，说明员工的工资不算低；第三，领导说"要想涨工资得晋升到上一个级别"，鼓励员工要努力工作，这样才会得到更高的酬劳。

故事二中的蝙蝠虽然显得立场不定，左右摇摆，但在职场中，趋利避害这是一种本能。在不同的情势之下，面对不同的场合，不同的人，我们要用最小的投资获得他人的好感，获得相对的利益。而这个最小投资，就是说几句花言巧语，迎合对方态度，以此作为展开，可以进行对谈。

生活中，不会花言巧语显得太直板，不圆滑。尤其是在职场中，不会花言巧语，就只能在自己的小位置上默默奋斗，要想遇"伯乐"，需等"伯乐"挨家挨户的敲门才能找到你。却也不知是猴年马月的事了。

和领导适当花言巧语，获得一个学习的机会，获得一个参加项目的机会，获得一个奖项的机会，获得一个晋升的机会，相当于以最小的投资，给自己身上贴金，何乐不为？

出谋划策

花言巧语，其实比别的说话技巧更难应用，说得不好，场合不对，频率不对，就容易被人认为是爱"花言巧语"的骗子。所以，花言巧语，一定要讲究方法。

一、切莫逢人花言巧语，被人认做虚假之辈

花言巧语并不能办成所有事，也要针对说话的对象，看对方是什

么人，会不会接受你的花言巧语。因此，花言巧语要讲究场合，千万不能逢人就花言巧语，遇事就花言巧语。花言巧语说多了，只会让人觉得你是个浅薄之人，只会用花言巧语行事，没有真本事，属虚假之辈。所以，遇人遇事，一定要想好该不该说，再用花言巧语。

二、花言巧语要有度，过度的花言巧语如同冠上加冠

花言巧语固然让人开心，让人无法拒绝，但是花言巧语要有度。说一句，对方可能很开心；说两句，对方可能心花怒放；说三句，对方就有可能已经麻木了；说再多，就会让人觉得甜腻，也会让人产生怀疑。所以，过度的花言巧语如同冠上加冠，多余而又不美观。

三、真实的情况与花言巧语结合着说，会让话语更动听

花言巧语本来就给人一种虚假、恭维的感觉，是一种迷惑。但是，当真实的情况和花言巧语结合起来说时，就更能让人信以为真，并且很受用。比如，一位丈夫看到妻子买了一件新裙子，对妻子说："和你结婚十多年了，你穿的衣服不是黑就是灰，要多老气有多老气。这穿一下红穿一下粉，你别说，还真挺美！"这样的花言巧语，前面贬后面扬，花言巧语更动听。

> **经典箴言**
>
> 《慎言集训》中说："言贵婉"。说话要委婉，易于别人接受，也让自己容易说出口。婉转，就是把言语中锋利的部分削去，磨成圆润光滑的样子，样子好看不碍人眼，是一种装饰，也是一种美化。将自己的机智全部变成美丽的语言，动听婉转。

第十三章

妙语如花，说对话才能办对事

妙语如同春雨，落入人与人的心田之间。妙语不必多说，说在点子上，自然就能够成事；妙语不用长篇累牍，看准了时机和对象，自然会天时地利人和；妙语不必句句箴言，只要出自真诚的内心，就能够打动人心。想要求人办事，不妨先学会秀口一开，妙语如花。

话不必说多，全说在点子上才是硬道理

开篇叙话

日本当代推销之神原一平说得好："如果一个人掌握了大量的说话技巧和方法，那么他就真正掌握了打动人心的利器。"无数言谈高手也总结，说话的第一要义，并非言辞华丽俏皮，而是要抓住重心，言简意赅。

正所谓"打蛇打七寸，射人先射马。"我们在说话的时候，虽是只言片语，但掌握核心并分清主次，把话说到了点子上，不仅能戳中人的心弦，把事情办成功的几率也因此而加大。

职场中，懂得阐述重点的人往往更能受到领导重用。因为往往领导们要的不是一个只会照书念白的朗读者，更多时候，他们想从会话中获悉下属对工作、事物的解读与想法。因此当你重点突出、主次分明、详略得当地作出一番表述时，你就自然而然地向着成功迈进了一大步。

把话说在点子上，一语值千金，没有主题喋喋不休，则千言万语聊胜于无。

情景再现

故事一：

一个自暴自弃的男子爬到某大厦顶层，想通过轻生的方式制造一起轰动性新闻，引发关注。

男子坐在天台边缘的台子上，但凡有人上前一步，他就做出要往下跳的动作，并威胁警察："不要逼我，都别过来，不然我立刻跳下去！"

大厦下面早就人山人海，除了朝上张望的群众，还有负责解决此事件的警察以及备用的医生、抓新闻的记者等。警局领导、医生以及不少群众都轮番劝解男子不要冲动，男子却仍不为所动，局面不禁陷入僵持。

眼看围观的人越来越多，为了不引发一系列严重后果，警员们个个严阵以待，并纷纷开动脑筋思考让男子下来的可行性办法。

这时，一个办案多年的老警察突然灵机一动，他想了想后，带着一个穿白大褂的医生上了天台。

看到逐渐走近的老警察和医生，男子顿时又激动起来，大声威胁他们，还作势要跳下去。

老刑警见状，面色平静地对男子道："你放心，我不是来逼你的。"他说着，指了指身后的医生，"是医生想上来问问，你死后可不可以把遗体捐献给他们，供医院作医学研究呢？"

男子听完老刑警的话，又受惊地再三看着医生，最后终于像斗败公鸡似的垂头丧气走下了天台。

故事二：

春秋时期，晋文公、秦穆公联合围攻郑国，因为郑国的国君郑伯曾经对待晋侯没有礼貌，并且在依附于晋国的同时又依附于楚国。

大军压境，国难在即，郑伯无奈，只好向大夫烛之武求助。

烛之武临危受命，夜晚偷偷出城，去拜见秦穆公。烛之武说："秦、晋两国围攻郑国，郑国已经知道即将要灭亡了。倘使灭掉郑国真的对您有好处，我就不会深夜来打搅您了。然而想越过晋国把远方的郑国划为秦的东部版图，这件事有多困难您应该明白。灭亡郑国而增加邻邦晋国的土地，邻国势力加强，您的势力就相应被削弱了。如果放弃灭郑，而让郑国作为您秦国东方道路上的主人，秦国使节来来往往，郑国可以随时供给他们所缺乏的东西，对您秦国来说，也没有什么害处。况且，您曾经对晋惠公有恩惠，他也曾答应把焦、瑕两地割让给您。可是他早上渡过黄河回到晋国，晚上就修筑防御工事拒秦，这些您是知道的。晋国，什么时候满足过呢？当他们把郑国归为东部疆界后，必然又想扩大西边疆域。如果不侵损秦国，晋国怎么取得它所企求的土地呢？秦国受损而晋国受益，难道您希望看到这样的局面吗？"

秦穆公听后，深知烛之武所言有理，于是与郑国订下盟约，并留下将领杞子、逢孙、杨孙帮郑国守卫城池，就撤军回国。

晋文公见盟军撤走，经过深思熟虑，权衡后也把晋军撤离了郑国。

义理解析

老刑警非常明白对方的心理，牢牢抓住了想跳楼男子的软肋。男子只是想通过这样的方式制造一起新闻，他其实并不敢真正面对死亡。对于不想死却又以死相威胁的人，老刑警就一针见血地说几句让他正视死亡惨烈和恐惧的话，让对方在死亡面前不得不屈服，最后乖乖下楼，跳楼僵局迎刃而解。

烛之武针对秦国的切身利益，巧妙地利用秦、晋之间的矛盾，向秦穆公分析了当时的形势，侧面说明灭郑对秦国有害无益，再进一步延伸，列举秦穆公经历过的事实进行推理，使秦穆公恍然大悟到晋国才是敌人，进而退兵，最后解除了郑国的危机。言明利弊，这就是把话说到点子上的最好例证。

把话说到点子上，不仅能挽救一场亡国性的灾难，还可以化解一些难以控制的危险事件。是非成败，有时候就看同一个意思你怎么表达出来。

说话能够抓住重点，则功德圆满，反之，后果则难以预料。倘若烛之武只是以弱者身份卑微哀求，而非站在秦国角度考虑对方利益，那么郑国还会存在吗？如果老刑警也一味地劝男子不要轻生，那么随着围观群众的增多，僵局是否会恶化呢？

所以，无论何时何地，说话时，要有理有据有重点，且要三思而后言。

出谋划策

抓住重点其实很容易，只要你了解对方的情况，看清对方一些举动的本质，把握好对方的心理，就可以根据对方的心境，把话说到点子上，打动对方。

一、了解对方的心理，直击重点

老话说"知己知彼，百战百胜"。你想达到某个目的，除了对自己有清晰的认知以外，还需要十分明了对方的心理。这就需要你设身处地站在对方的角度分析问题，只要你把自己放在对方的位置推理反问，才能获悉对方的思路概况，从而知道对方想听什么，你重点该讲什么，最终完成一次成功的谈话。

二、把握分寸，不该说的绝不多言

所谓抓住重点，除了你知道自己要说什么，还要清楚什么话自己不可以说。准确把量好说与不说的分寸，你的谈话才不至于功亏一篑。说话时，你必须清醒认识自己的立场，明确自己开口的目的，而不是哪壶不开提哪壶。不该说的话，绝不挂在嘴边，这样才会有一场令双方愉悦的谈话。

表现出自己的"利用价值"获得别人好感

开篇叙话

　　人活在世上，谁都希望自己能为社会做出一点贡献，让人生变得有意义，生命变得有价值。如徐悲鸿所言："每个人的一生都应该给后代留下一些高尚有益的东西。"我们每一个人都有其自身的"利用价值"。韩愈在《马语》中写道："千里马常有，而伯乐不常有。"但是往往，我们之所以没能遇到伯乐，并不是因为"伯乐不常有"，而是我们没能向别人表现出自身的"利用价值"所致。而要向别人表现出我们自身的"利用价值"，就需要与人沟通，获得对方的好感。石油大王洛克菲勒说："假如人际沟通能力也是同糖或咖啡一样的商品的话，我愿意付出比太阳底下任何东西都珍贵的价格购买这种能力。"由此可见沟通的重要性。

情景再现

故事一：

　　银凤毕业之后，入职一家生产食品添加剂的公司。为了表现自己的能力足以胜任这一份工作，银凤花了一个星期的时间对公司在人力资源管理当中存在的问题都整理成了建议书，拿到上级的办公室里，打算和上级好好交流一下。

　　"张经理，据我目前对公司的了解，我认为公司主要的问题在于职责界定不清；雇员的自主权力小；员工薪酬结构和水平的制定随意性较强……"银凤按照自己事先所列的提纲开始逐条向张经理叙述。

张经理微微皱了一下眉头说："你说的这些问题我们公司也确实存在，但是你必须承认一个事实——我们公司在赢利，这就说明我们公司目前实行的体制有它的合理性。"

"可是，眼前的发展并不等于将来也可以发展。"

"好了，那你有具体方案吗？"

"目前还没有，这些还只是我的一点想法而已，但是如果得到了您的支持，我想方案只是时间问题。"

"那你先回去做方案，把你的材料放这儿，我先看看然后给你答复。"

银凤此时真切的感受到了不被认可的失落，她似乎已经预测到了自己第一次提建议的结局。

果然，银凤的建议书石沉大海，张经理好像完全不记得建议书的事。银凤陷入了困惑之中，她一方面觉得自己的能力没能得到上司的重视，而心生辞职，一方面又不想这么快的就放弃这么一份工作。

故事二：

小李凭借着一股年轻人特有的冲劲、狠劲，才入职没几年，就受到了上司的赏识，一路升职坐到项目主管的位置。几天前，公司换老板，新老板来到公司后，在第一时间就找到了小李，对小李说："你经验丰富，能力又强，上一任老板对你赞赏有加，这里有个新项目，你就多费心操劳一下吧。"

能够受到新老板的赏识，小李高兴还来不及呢。恰好这几天公司要派人去南京某周边城市与供应商进行谈判。小李一合计，此行要去好几个人，坐公交车出行不方便不说，也会让人觉得疲劳，影响谈判效果；打车去，一辆车坐不下，两辆车费用又太高；还是包一辆车好，经济又实惠。

主意定了，小李却没有直接去办理。几年的职场生涯让他懂得，遇事向老板汇报一声是绝对必要的。"老板，您看，我们今天要出去，"小李把几种方案的利弊分析了一番，接着说："所以呢，我决定包一辆车去！"汇报完毕，小李发现老板的脸不知道什么时候黑了下来。他生硬地说："是吗？可是我认为这个方案不太好，你们还是买票坐长途车去吧！"小李愣住了，他万万没想到，一个如此合情合理的建议竟然被新老板给拒绝了。

"没道理呀，傻瓜都能看出来我的方案是最佳的？"小李丈二和尚摸不着头脑，最后小李也因为这件事，渐渐的被新老板给冷落，坐上了"冷板凳"。

义理解析

对于银凤而言，一个刚毕业的大学生往往会迫不及待地向上司表达自己的观点来获得上司的认可，让上司认为其是一个能力较强，是一个有"利用价值"的员工，所以银凤在入职一个星期后就对公司在人力资源管理当中存在的问题，整理成了建议书向上司进行了汇报。但是对王银凤的上司而言，他更希望银凤能够通过数据性的东西来说明公司在人力资源管理当中所存在的问题，并能提供一个可行性的方案。因此上司对银凤的建议书不予理睬也是在情理之中。最终认为银凤个人能力不足，还需锻炼。

小李能够在短短几年里，坐到项目主管的位置，说明小李有很强的工作能力，同时小李也意识到了自己遇事需要向老板汇报的必要性。但是小李错就错在，向老板汇报事情，并不是指帮助老板做决定，因此小李给新老板留下了一个不好的印象，认为小李连最基本的说话分寸都不能掌握，又怎么能放心的继续让小李担任重职了？

综上所述，我们可以看出，一个人要想表现出他的"利用价值"，并获得别人的好感，必不可缺的就是要学会如何与他人进行更好地沟通。

出谋划策

与他人进行沟通说来简单，就如赫兹里特所说："谈话的艺术是听和被听的艺术。"说来简单，但真正想要做好，还是会困难重重，但是我们只要秉承着以下两个方法，就能更好的在沟通中表现出自己的"利用价值"，并获得他人的好感。

一、真诚的与他人进行沟通

真诚是一个人为人处事的最基本的原则。当我们在与别人沟通的过程中，展示出我们真诚的一面，更能获得别人的好感。当我们真诚的与他人进行沟通时，也可以多结合发生在自己身上的案例进行说明，这样更容易让别人信服，而不是信口开河，胡编乱造。这样我们的"利用价值"也就自然体现了出来。

二、有逻辑的与他人进行沟通

梁实秋说："谈话，和作文一样，有主题，有腹稿，有层次，有头尾，不可语无伦次。"我们与他人进行沟通时，更是如此。能够有逻辑的与他人进行沟通，不仅能够让别人更好的理解我们的想法，也能让别人觉得我们是一个豪爽干练的人，更能获得别人的好感；同时有逻辑的去与别人进行交谈，是一种表达能力的体现，也是自我"利用价值"的体现。

做事讲究天时地利，说话要看对象和时机

开篇叙话

有的人说话做事八面玲珑、面面俱到，四面逢源而滴水不漏，那是生活和职场历练的结果。俗语说"病从口入、祸从口出"。我们说话要圆滑，要看准对象和时机，退而求其次，首先做到说话不得罪人。

说话看不准对象和时机，就容易口无遮拦、出言不逊，职场中到处树敌，让自己成为自己成功道路上的障碍；还有可能因挑错了对象，看错了时机，说错了话，错失良缘，或与成功失之交臂。相反，说话看准对象和时机，也是办成事的前提。办事之前为了沟通而进行的谈话，只有看准了对象和时机，才能说出对的话，才能让对方满意，才能达成目的。

古往今来，众多成功的案例告诉我们，做事讲究天时地利，说话则要看准对象和时机，只有看准了对象，挑对了时机，才能战无不胜，无往不利。

情景再现

故事一：

一个魔鬼想要引诱一个正人君子，用尽了所有方法，正人君子都不为所动。最后这个魔鬼求助它的头儿撒旦。于是撒旦亲自出马，只说了一句话就搞定了。

撒旦跟这个正人君子说："我听说，你有一位朋友之前不如你，现在比你有成就多了。"这个人听了之后勃然大怒，继而中招了。

撒旦告诉魔鬼秘诀："人都会有弱点，挑准那个弱点，挑对了时

机,没有办不成的事。"

故事二:

一次,卡耐基被哥伦比亚大学请去当"寇蒂斯奖章"的裁判。有六位毕业生全都经过精心调教,每个人都跃跃欲试,想要表现出极佳的状态。但是,他们竭尽全部智慧只是为了赢取奖章。

所以,在他们选择自己眼见的题目时,唯一标准就是这样的题目可以任他们自由发挥,滔滔不绝。他们对自己所做的议论并无深刻理解,也没有真正的兴趣。

唯一一个例外是一位祖鲁王子,他选的题目是"非洲对现代文明的贡献"。他演讲中的每一句话都饱含热情。他的演讲是活生生的东西,拥有坚定的信念和不灭的热情。

在他的演说当中,他让听众们看到了一位真实的非洲代表,他让在场的每一位都感受到,他对人民充满希望;同时,他还在演讲中带来一项请求,那就是渴望得到听众的理解。

虽然,在论演讲的技巧方面,他可能没有另外几位竞争选手表现更佳,但评委们还是把奖章颁给了他。因为裁判在他的演讲当中,感受到了他饱含真诚和热情,以及对国家和人民的热爱,这种真诚和热情感染着听众,这是其他几位所没有做到的。

义理解析

撒旦瞅准了对象的个人特点,挑对了说话的时机,一招便制胜了正人君子。而祖鲁王子的演讲题目,挑准了说话的对象和时机,用自己的情绪感染和带动了大家的情绪,必然是很成功的演讲。

所以,我们说话挑准时机,看准对象,才能知道我们该说什么,该在什么地方什么时候说。就像做事要讲究天时地利一样。天,地,人三者之间的关系是古往今来的研究对象。而孟子的观点当中,"人和"是最主要的，对成功起到决定性因素。

而我们说话要讲究"人和"，就是要看准对象和时机，避免引起不必要的矛盾和争吵，在谈话之中营造一个和谐愉快的氛围，不管是谈判还是谈合作，不管是面试还是和领导谈升职加薪。

那些说话不讲究对象和时机的人，往往容易张冠李戴说错了话，也容易在不对的场合说了无法挽回的话。这样都有可能让我们给人以坏的印象，或者办不成事，还有可能人生一败涂地。一次两次是失败，次数多了，则必然是一个充满失败的人生。

出谋划策

丹尼尔·韦伯斯特说："如果有一天神秘莫测的天意将我从这里把我的全部天赋和能力夺走，而只给我留下选择其中一样保留的机会，我将会毫不犹豫的要求将口才留下，如此一来我将能够快速恢复其余。"简而言之，有了好的口才，才能办成许多事。

一、找准绝妙时机，找到说话的黄金分割点

一苦者对和尚说："我放不下一些事，放不下一些人。"和尚说："没有什么东西是放不下的。"他说："可我就偏偏放不下。"和尚让他拿着一个茶杯，然后就往里面倒热水，一直到水溢出来。苦者被烫到马上松开了手。和尚说："这个世界上没有什么是放不下的，痛了，自然就放下了。"聪明的和尚每一句话都在点上。这说明，无论说什么话，一定都会有一个绝妙的时机，也就像是所有事情的成败都关于一个黄金分割点一样，说话也有黄金分割点。

二、说话要看准对象，"对症下药"

我们说话要看准对象再去说，就像"对症下药"一样。我们不可能

得了感冒去喝治疗胃痛的药，所以我们想要升职加薪，不可能和领导谈天气谈心情，谈的一定是自己工作中的成绩和经验，足以让自己有更高的价值。所以，说话，要像"对症下药"一样，看准对象，说对话。

请人帮忙，不妨推心置腹

 开篇叙话

蒙田在《随笔集》中说："语言只是一种工具，通过它我们的意愿和思想就得到交流，它是我们灵魂的解释者。"简而言之，语言能够能达成很多目的和效果，因为它是我们思想的最终产物。

想要请别人帮忙的时候，不妨推心置腹，真诚以待，得到对方的信任，得到对方的认可，得到对方的肯定，才能办成事。

有人说，推心置腹很难，人心隔肚皮，尤其是职场当中，我们以成年人的身份游走在这个世界，推心置腹是一种奢望。然而，这样说也不全都正确。如果我们学会了用真诚的语言表达自己的诚挚，所谓"日久见人心"，我们总会交下推心置腹的朋友。

历史上，推心置腹的君主和大臣数不胜数。君主依靠大臣的智谋治理国家，大臣却依傍君主有无边的权利，能够达成自己很多心愿。所以，想要请人帮人，想要做成一些必须有人帮忙的事，不妨先下下"推心置腹"的功夫。

情景再现

故事一：

西汉末年，王莽取得了政权。王莽上位之后，施行改革政策，但苛政却让民众苦不堪言，导致天下许多义士起兵反对，同时，希望刘玄成为新的皇帝。王莽去世后，刘秀在邯郸一战，大败莽军，还杀了自称天子的王郎。刘玄见刘秀接连立下大功，就封他为萧王。

后来，刘秀又北上，打败了十分强大的铜马军，其他地方的割据势力也都一一被收入囊中，失败的军队纷纷投降。这时，刘秀把这些投降的官兵收编整理成自己的部队。而原来带兵的那些首领，每个人都获得了官职。

但是，投降的官兵们认为，之前和刘秀为敌，互在战场上厮杀，如今，刘秀能够真的把自己当作自己人对待吗？不会趁机将自己杀害吗？

刘秀心中很明白这些首领内心的忧虑，所以就叫将官仍旧回去率领各自原有的部队，而刘秀自己，手下却带领很少官兵。投降的官兵们看到刘秀并不对自己设防备，还很信任地商量军事，于是纷纷说："萧王把自己的诚心，都推到人家肚子里了，我们怎么能不以生命来相报呢！"自此，投降的官兵们都甘愿服从刘秀。

故事二：

韩国一个大型公司的一个清洁工，本是一个小角色，但有一天晚上公司保险箱失窃时，他却不顾生命的安危，与小偷进行了殊死搏斗。

事后，有人为他请功并问他的动机时，他的回答很简单：每一次公司的总经理从他身旁经过时，总会不时地赞美他"你打扫卫生真干净"。

义理解析

刘秀想让投降的官兵为自己所用，编入自己的部队。但是，不能让这些投降的官兵有异心，首先就要推心置腹的将这些官兵的人心收获。只有大家一条心，才能齐心协力。刘秀深谙这个道理，用真诚和推心置腹的方法，消除了降兵的疑虑。

韩国大企业的经理，或有意或无意的赞美和认可，获得了清洁员的忠诚，从而愿意用生命去保卫公司的利益。

所以，想要让对方做什么事，想要在对方身上获得什么，不妨推心置腹，用真诚打动对方。这样，对方会发自内心，心甘情愿地为你做事。这是最节省成本的方法，也是最有效的方法。

相反，想要求人办事，张口就来，别人会理你吗？还会觉得你是一个只知道索取不知道付出的自私的人。久而久之，不但没有朋友，而且会臭名远扬。

出谋划策

想要求人办事，不妨先推心置腹。换句话说就是，想要求人办事，不妨先交个朋友。歌词里说"朋友多了路好走"，多一个朋友就等于多了一条迈向成功的道路，何乐而不为呢？

一、想要推心置腹，不妨先"患难与共"，在别人有难处时拉人一把

有时，我们交下一个朋友，好像就是短时间之内的事。比如，在别人需要被安慰和倾听的时候，恰好你在，你给予了适当的安慰和倾听，那么两个人很快成为推心置腹的朋友；当一个人急需人手帮忙搬家，找不到人的时候，你恰好帮了一下，那么你们也就成了朋友……这样先主动给予的朋友，在日后你有难处的时候，也会对你伸出援助之手。

二、用"情投意合"来做好推心置腹的功课

情投意合,即两个人思想感情融洽,合得来。我们若想和人推心置腹,这是首要的条件。起码,两个人的脾性要相合。一个人要往东走,一个要往西走,两个人的意见不一致,总出现分歧,那样怎么都不可能推心置腹。所以,想要推心置腹,不妨先做足了功课,起码要情投意合。

三、用认可和赞美来加速"推心置腹"

美国著名女企业家玛丽凯经理曾说过:"世界上有两件东西比金钱和性更为人们所需:认可与赞美。"认可和赞美的力量不可忽视。在一个企业当中,领导可以通过认可员工,与员工"推心置腹",下属则可通过赞美领导而渐渐"推心置腹"。朋友之间也一样,认可和赞美是友情的润滑剂,能促使对方成为推心置腹的朋友。

> **经典箴言**
>
> "一样的米养百样的人",百样的人,需要说百样的话,才有效果,才能入心。不用磨破嘴皮去说,只要字字珠玑,句句含光,将每一句话都说到刀刃之上,每一句都将会价值千金。

第十四章

情深出良言，
良言一句三冬暖

《荀子·荣辱》中有言："与人善言，暖于布帛；伤人之言，深于矛戟。"人生在世，我们希望自己活在春天里，活在鸟语花香中；而温暖的语言，就如同鸟语花香的春天。"爱出者爱返，福往者福来。"用温暖的语言，可以赶走别人内心里的寒冬，拉近彼此之间的距离。所以别吝啬自己温暖的语言，让别人也活在春天里，活在快乐里。

将心比心，才能得人心

 开篇叙话

美国汽车大王福特说："假如有什么成功秘诀的话，就是设身处地替别人着想，了解别人的态度和观点。"替别人着想，就能够站在对方的立场上，了解到对方的心意，了解到对方的切身利益，说出的话就能够将心比心，如此一来，也就能够赢得对方的信任，即得人心。

话又说回来，得人心重要吗？

职场中，"水能载舟，亦能覆舟"，作为领导，得人心才能够带领团队作出一番成绩，获得荣誉和利益；作为下属，得人心才能让领导看见自己，让同事尊敬自己；作为公司职员，得人心才能让客户跟随你的思路，和你签订下合同。所以，在职场中，一个人有多得人心，就有多成功。

得人心，首先靠的就是真诚。真诚，第一靠的就是将心比心。无论走到哪里，带上你的"将心比心"，你一定会成为一个成功的人。

情景再现

故事一：

隋朝名臣封伦，在隋朝灭亡之后，归顺了唐朝。有一次，封伦跟随唐高祖李渊在民间微服私访，沿途经过秦始皇之墓骊山的时候，李渊和群臣望着连绵不断气势恢宏的骊山，在楚汉之争的过程中，已经破败得再无当日辉煌。

李渊看着残砖废瓦，感慨良多："千古帝王，修建如此之陵园，用尽华丽之能，却耗尽了万千金银，耗尽了万千百姓的血汗。到底意义何在？"

一旁的封伦听了李渊此言，立刻明白，李渊是明主，不赞成修建这样大规模的陵园，耗财耗力。封伦之前虽然还以自己家的建筑豪华奢侈而感到自鸣得意，但是听了李渊的话，封伦赶紧说："从古至今，上行下效，上一代影响着下一代。自从秦汉两个王朝的帝王将相，在死后实行厚葬之后，大到官员，小到民间百姓，纷纷实行厚葬。随着人死后而下葬的珍奇异宝，数不胜数。但往往这些宝贝，却都落入了盗墓之人的手中。如果人死了，并不知身后之事，厚葬岂不是浪费？如果人死后，知道这些事，岂不是会心疼奇珍异宝落入他人手中？"

李渊听到，大加赞赏。封伦的话，恰好说到了李渊的心坎上。于是，李渊借此机会下令："此后，我朝上上下下，一律实行薄葬。"

故事二：

李成林参加一个饭局，都是平时有过几面之交的生意场上的人。席间，李成林发现坐在他旁边的王老板唉声叹气，菜没吃几口，只是自己在一杯杯喝闷酒，满腹心事。

李成林想了想，开口说道："王老板，不知是不是我多事多嘴了，你有烦心事么？看你一杯杯喝闷酒，注意身体啊。"

王老板很意外并不相熟的李成林会这样问自己，于是打开了话匣子："哎，最近厂子里人手不足，一批货赶不出来，客户那边逼得急，说按合同规定，提交晚了，不仅要扣除百

分之十的利润,还要终止以后的合作项目。"

"啊,这确实挺麻烦,挺棘手。"李成林也跟着拧紧了眉头,陷入了思绪。

"是啊,谁知道会突然走了一批人,都是一个村子的,说是村子里新开发了项目,缺人,都回家去了。哎,屋漏偏逢连夜雨啊。"王老板连连叹息。

"是啊,这种事最麻烦了,前几年,我那厂子也遇到过这种情况,不得已啊,让工人们连夜加班,工资比白天高几倍,就这样赶制了出来。"

"啊,你这法子倒是提点了我。我回去也得安排安排人手和时间。"王老板说。

"是啊,不到最后一刻,就不能放弃。"李成林说。

"老兄,今天听你这些话,我心里真是舒服多了,要不这心里啊,都没缝隙了。"王老板终于露出了笑容,敬了李成林一杯。"等我忙完这阵子,咱再聚聚,好好聊聊啊!"

义理解析

封伦揣测出李渊的心意,于是顺着李渊的意思将心比心的说出了李渊爱听的话,得到了李渊的肯定和赞赏,以此奠定了自己在李渊心中的位置。心领神会了领导的意思,用自己的口说出了领导想说的话,怎能不让领导开心?所谓的心腹,也就是如此了。

李成林没有为王老板做什么事,只是将心比心地和王老板谈了几句,真诚的为王老板所处的状况心急,让王老板体会到了在困难的时候得到了李成林的体谅和尊重。于是决定交下李成林这个朋友。人心,就这样得来了。

人生中,将心比心能够收获人心。但不会将心比心,也会出很多大麻烦。试想,如果封伦在听闻李渊的感慨之后,仍然对秦始皇的骊山之墓大加赞赏,那李渊会如何?如果李成林不顾王老板心烦之际,一直劝酒喝酒,嘻嘻闹闹,说些笑话,会让王老板内心如何?不但不能得人心，简直就是失去人心。职场上，这样做，后果十分可怕。

所以，无论何时，都要学会换位思考，学会将心比心。

> 出谋划策

将心比心并不难，只要我们知道对方所处的境况，对方心里所关心的内容，就可以顺着对方的心意，说出对方想听的话。

一、利用好同理心，把话说到对方的心坎上

同理心，即将对方的所思所想，和自己所思所想进行同理化。同理化之后的语言，更容易说到对方的心坎上，更容易获得对方的好感。同理心，就要求我们能够感受到对方的喜怒哀乐，能够感同身受对方所处境地和心情，然后用同理心来交流，以此获得对方的信任和好感。

比如，当你与小孩子交谈的时候，不妨与他讨论五颜六色的糖果；与少年沟通时，你要把话题扯到游戏上；如果对方是一名高中生，与其探讨学习技巧是非常必要的；与花季的少女交流，要与她谈一些时尚潮流和爱情观；与家庭美满的妇人谈话，厨房里的话题永远合宜；若对方初为人母，不妨一起探讨下育婴经验；若其儿孙满堂，已到耄耋之年，新鲜有趣的事物她会很感兴趣，与其谈论一下幸福的晚年也是明智之选。

二、一句"如果我是你"，换位思考赢得人心

在说话中，将心比心，即换位思考，多说一句"如果我是你"，即会让对方感受到，你是站在对方的立场在思考问题，是在真诚帮助对方解决问题。比如，当一个人正为一个小错误而自责的时候，你说："没关系的，如果我是你，我也有可能会这样做，很正常的，不要自责。"对方心里便会舒服许多。

实话实说，有实意结果方能满意

开篇叙话

有些话，我们要拐着弯说，避免伤害到对方的自尊心，也转换成更容易接受的软话让别人开心。但有些话，我们需要实话实说。实话实说了，对方才会理解，对方才能感受到你的真诚，结果也会让双方都满意。

语言的力量，常常超乎我们的想象。有时候，用简短的语言表露出事实，没有矫饰，没有虚假，也许很轻松就能攻破对方内心的壁垒，就能够解决一个问题，就能消除两人之间的隔阂，也能够办成一件事。这就要看我们的智慧所在，看能不能把握住实话实说的场合和对象。

生活上如此，职场上也是如此。分场合，分时机，巧妙的一句实话实说，也许会比婉转的表达一万句，要有用得多。

情景再现

故事一：

松下电器的创始人松下幸之助，被人称为"经营之神"。松下幸之助在做人行事方面，也十分值得称道。

有一次，松下幸之助在一个餐厅招待远方来客，一行客人全部点了牛排。当其他客人都将牛排吃光的时候，松下幸之助的牛排吃了一半，就放下了刀叉。松下幸之助让助理去将烹饪牛排的主厨请过来，并交代，直接请主厨即可，不要叫经理。

客人们看着松下幸之助吃了一半的牛排，纷纷心中暗自猜想，是不是牛排出了问题，松下幸之助打算责难主厨。那样的话，气氛可就尴尬了。

主厨过来之后，第一眼就看到了松下幸之助盘子里只吃了一半的牛排。主厨也知道松下幸之助的身份，所以一时之间战战兢兢。"先生，您叫我来，是不是牛排不合口味？"主厨忐忑地说道。

"我叫你来，是想告诉你，你煎的牛排很好吃，可惜的是，我今年已经80多岁了，胃口大不如从前，所以我只能吃下去一半。我担心一会儿你看到这剩下一半的牛排会伤心，并多想，所以我特意叫你过来，当面告诉你。"

主厨和其他客人听了，都十分感动。

故事二：

有一个刚大学毕业的大学生，到一家电脑公司应聘。公司出的题目很怪，给应聘者每人发一台电脑，一天之内完成一个软件项目。大学生决定大显身手一番，可谁能想到，公司发的这台电脑是坏的。第二天，别人都去交软件的时候，他硬着头皮去了公司还电脑。

看着其他应聘者都一副志在必得的样子，大学生只怪自己倒霉，碰到一台坏电脑。公司里的人一一看了应聘者交上来的设计软件，纷纷点头称赞。轮到大学生的时候，大学生红着脸，支支吾吾地说："电脑是坏的，我没做成。"可就在这时，所有人都看得出那位年长的人事经理眼里露出的惊喜光芒。

最终宣布录取结果的时候，大学生被录取了。同时，人事经理也给出了解释，原来大家手中的电脑都是坏的，公司之所以这样做，是之前的职员出现过信誉度问题，所以公司在用人方面，更注重的是职员的人品。

义理解析

松下幸之助说了句实话，是自己年纪大了，而不是牛排不好吃，既能够让主厨消除内心的疑惑和不安，也显示出自己良好的素养。大学生说了句实话，恰好被人事经理测试出了他的人品，获得了心仪的职位。

如果松下幸之助没有这一言行举动，有可能会让主厨怀疑自己的手艺而伤心，甚至有可能会让经理看到而怀疑主厨的手艺，对主厨有不好的影响。毕竟松下幸之助的来头不小，有一定影响力。如果大学生像其他应聘者一样，用另外的电脑做一份软件，忽略掉公司坏电脑的这一细节，那么他就会像其他人一样，掉入人事部门巧设的"圈套"，成为一个利用手段而获取工作的应聘者。

有时候，我们得说实话，实话实说能够化解尴尬的境地，也能够代表我们诚实的品格。而有些时候，有些场合，不说实话，反而在害了我们自己的同时，也对别人不利。想要好结果，就要适时实话实说。

出谋划策

实话实说，要分对象，看场合，毕竟，我们实话实说的目的，是要一个好的结果。

一、分辨出哪些场合，我们必须说实话

"做人以诚信为本"，有些时候，为了我们的人格做保证，我们必须说实话。比如，酒桌之上，中国人的习俗和礼仪就是劝酒喝酒，大家热热闹闹。但是如果你本身身体确实不好，确实不能喝酒的情况下，就要在一开场就和大家说明："我很想喝这杯酒，但奈何身体不争气，大家一定喝好，别让我扫了大家兴。"相信大家都会理解。

二、虽然实话不加以矫饰，但表情却需要修饰

虽然实话不需要我们进行加工和润色，是要说出实情即可。但是，在说话表达的时候，表情却需要我们修饰一番，能多真诚有多真诚，这样才能打动人心。相信你我都会有这样的经历，对方弄坏了我们的东西，但是对方一脸真诚的道歉，不是什么大不了的东西，我们都能够理解并原谅。反而是那些找各种借口推脱自己原因的，才不易被原谅。

让对方感动，是拉近关系的必胜法宝

 开篇叙话

有人说过："如果寒暄只是打个招呼就了事的话，那与猴子的呼叫声有什么不同呢？事实上，正确的寒暄必须在短短一句话中明显地表露出你对他的关怀。"这句话延展开来看，其实就是，要真诚以待，让人感觉到你说话时在走心，这样的语言才能像溪流一样流淌在彼此的心间，而不是擦边的闪电，一闪即过。也只有这样，才能让对方感动，弘一法师在《格言别录》中写到茅鹿门先生曾经说过的一句话："人生在世，多行救济事，则彼之感我，中怀倾倒。浸入肝脾。何幸而得人心如此哉！"就是说，做人，最好的事莫过让别人来感谢你，这样便可得人心。

让对方感动，就能获得对方得信任，也能够消除彼此间的距离，拉近彼此之间的关系。如此一来，处理人际关系的问题，也就不成问题了。

情景再现

故事一：

林肯在做总统的时候，有很多反对派，国防部长斯坦顿就是其中一个。有一天，一个人告诉林肯，斯坦顿说他长得像长臂猿，脑子又笨，十足像个傻瓜。

林肯听到斯坦顿这样描述自己，对这个人说："斯坦顿将军是个很真诚的人，不会说假话。他这样描述我，那我大概八九不离十，差不多在他心目中就是那个样子的。也许在处理一些问题上，还是呆笨，不够聪明，我需要反思一下自己了。"

那个人听完林肯的话，很是惊讶。林肯非但没有大发雷霆，还帮斯坦顿说了话，真是太让人意外了。

过了不久，这番话传到了斯坦顿将军的耳朵里，斯坦顿也被林肯宽广的胸怀震惊了。而且自己在林肯眼里"是很真诚的人"，这让斯坦顿很感动。借由这件事，斯坦顿重新审视了林肯这个人，也重新审视了两个人之间的关系。此后，林肯在作出什么决策，提出什么议案的时候，斯坦顿不再像以往那样一味地持反对意见了。

林肯去世之后，斯坦顿中肯地说："历史将永远铭记林肯。"

故事二：

英国十八世纪的神学家约翰·韦斯利写了这样一个故事：一对夫妇，在婚后十一年，终于有了一个漂亮的小男孩。男孩自然成了这对夫妇的宝贝，很是宠爱。

男孩两岁多的时候，有一天在房间里玩耍。丈夫在出门去上班的时候，看见桌子上有一瓶打开了的药水。药水的剂量对儿童来说，只要一点点，就足够危险。丈夫因为赶时间，就匆忙冲着妻子喊了一声，让妻子将药瓶盖好盖子放到高处，然后就出门上班去了。

忙着做家务的妻子，很快就忘记了丈夫的嘱咐。可是，不幸就这样发生了，男孩最终还是拿起了药瓶，并因服用过量，在送到医院后不久，就离开了人世。

面对死去的儿子，妻子吓傻了，一面是与挚爱的儿子阴阳相隔，另一面则不知该如何面对自己的丈夫。等到孩子的爸爸赶到医院时，看到儿子的尸体，痛彻心扉。他看了一眼儿子身边的妻子，只对妻子说了一句话。

那句话是："亲爱的，我爱你。"

义理解析

林肯心胸宽广，不计较斯坦顿怎样评价自己，反而对斯坦顿作出了客观而正面的评价，这令斯坦顿感到感动，此后也不再随意一味反对林肯，林肯就此收获人心。相反，若林肯以牙还牙，对斯坦顿怀恨在心，那么林肯就是在为自己树敌，紧接着是树一面墙，障碍重重，哪里还谈什么做一个成功的受万人敬仰的总统。

第二个故事，是著名的前慑反应。即已经成为事实的事情，怎样及时止损。这个故事中，儿子的死已经成为事实，妻子也很自责。丈夫在这时若是埋怨妻子，只会让妻子更加自责。而丈夫如此做了，很有可能在失去儿子的同时，又失去了妻子。丈夫不想失去妻子，所以对妻子说了"我爱你"。妻子悲痛之下，感动于丈夫的原谅，两个人的关系自然不会疏远，反而会更加拉近。

有时候，在处理人际关系的时候，其实没有我们想象的那么困难。复杂了的是我们的心。人生中，若不会让他人感动，那么自己一定也是一个难被感动之人，也很少得到来自他人的关怀。没有这种"礼尚往来"的关怀和感动，人生不仅失去了很多乐趣，也少了很多座桥梁和很多条道路。职场中也会因冷漠的人际关系而寸步难行。生活中，也会因为这种人际关系，成为"独孤求败"。所以，别吝惜你的语言，别吝惜给予别人感动，只有这样，才能在人与人之间织就一张人情味十足的网。

出谋划策

人都是有血有肉有感情的，所以，让他人感动其实并不难。只要我们用心说话，就能够走到对方的心里。

一、找准能够让对方感动的点，才能感动人心

每个人都有软肋，每个人内心深处都有柔软的地方。当然，也许

这块柔软之地并不是随意暴露给别人看，但我们只要用心去观察，去体会，总会发现。比如有一个小伙子，喜欢一个姑娘大半年了，姑娘就是不答应。后来心细的小伙子发现，姑娘最近总往医院跑。后来小伙子也往医院跑，拎鸡汤，带水果。没几天，姑娘就答应了小伙子的追求。原来，姑娘的父亲腿摔骨折了，小伙子悉心的照料，又能言善语，感动了姑娘一家人，就这样拉近了两个人的距离。

二、让人感动，首先让自己变得有人情味

让对方感动，靠的不是花言巧语，也不是能言善辩，而是一颗有人情味的真诚的心。什么是有人情味呢？人情味不是表面功夫，人情味是发自内心真正的尊重和真诚。是在别人有困难时，你也跟着心急想办法，你也会想要出手相助，会关怀他人，也会爱护他人。自己身上的人情味浓了，别人自然看在眼里，感动在心里，距离理所当然也就拉近了。

经典箴言

1.《荀子》的《荣辱》篇说："故与人善言，暖于布帛；伤人之言，深于矛戟。"这句话的意思是对人说好话，比棉袄还暖和；对人说不好听的话，比用长矛扎的伤害还深。所谓出口伤人，不管是有意还是无意，伤人的话就像刺刀一样在人心上挖出一个口子来。说话前不妨在心里考虑一下这样的话是否该说，如果人人都口吐莲花，这个世界便会多了很多温情。

2. 人的灵魂里，充满真挚的情感。我们的语言就是我们灵魂的代言，就是我们灵魂的品牌。如果你想拥有一个低等的灵魂，那么尽可以口出恶言，诋毁他人，无遮无拦；如果你想拥有一个高尚的灵魂，那就请用最温暖，最动听的语言，温煦他人，感动他人。

第十五章

点到为止，
批评不用重锤敲

马云说："不会教育员工的领导充其量就是一个监工。"教育从来就离不开批评。怎样的批评能够让对方心服口服？怎样的批评能够起到下不为例的作用？怎样的批评能让人觉得悦耳动听？这也是说话的艺术。好的批评，会让对方"善待"批评，"接受"批评；不好的批评，只能让人产生叛逆心理，翻墙而逃也说不定。

金字塔原理：先谈结果，再谈原因

 开篇叙话

巴巴拉·明托是金字塔原理的创始人，金字塔原则是一项层次性、结构化的思考，也是一项沟通技术，可以用于结构化的写作过程。而我们，可以借鉴金字塔原理来说话来表达，尤其是在批评当中，注重语言组织的层次性和结构化。

金字塔原理注重的是，先谈结果，再谈原因。先谈结果的好处是，开门见山，简明扼要，节省时间和资源。结果的好与坏，都能让对方心中有数，知道事情发展的方向和程度。

接下来再谈原因，就可做详细的分析，讲究逻辑性、推理性，让对方一步步明白是什么样的原因导致了开头所说的结果。如果是错误的结果，不理想的结果，那么这些原因怎样去避免下一次再发生，或者这些原因可以让对方心服口服。

运用好金字塔原理，可以让说话做事更有逻辑，更有信服力。

情景再现

故事一：

有一个学识和经验都很丰富的工程师，被高薪聘用到一家公司。上司对他的才华和能力很放心，所以在工作上很信任他，什么事都放手让他去做。

但是，这位工程师毕竟刚刚来到一个新的环境，之前的老一套经验在面临知识更新换代的时候，许多仪器设备都不再像以前那么顺手，难免有出错的时候。第一次，上司发现工程师的错误时，他极力为自己辩解，说仪器和之前自己用过的不一样之类的。上司微笑着对工程师说："没事，你再熟悉熟悉，后面就好了。"

但是，上司的宽容并没有让这位工程师避免犯类似的错误，而是错误越犯越多，并且给公司造成了不小的损失。上司有点按耐不住了，询问工程师原因，然而工程师从始至终都是在辩解各种原因："机器不顺手，没能够按照我的预想设计；还有客户太矫情，明明这样做模具也可以，做出来的效果差不了多少；另外，下手也不给力，什么都不懂，帮不上什么忙。"工程师抱怨了一堆。

最后，这位经验丰富的工程师被公司解聘了。

故事二：

有一家分公司，从总公司调来一个主管。听说此主管能力非凡，尤其是管理能力。这次被调到分公司来，主要是为了调整分公司的格局。

自新主管来了以后，大家都很紧张，没人迟到早退，也没人偷懒不干活，生怕被整顿下去。可是，一个月过去了，大家都知道了新主管对人十分和气，脾气也很好，整天把自己关在办公室里，偶尔出来见到同事也是很客气。慢慢的，大家都放下了戒备心理，自然而然地恢复到了之前的懒散状态，依旧迟到的迟到，早退的早退，上班时间上网的、聊天的、利用办公室资源干私活的，全部"死灰复燃"。

新主管到来的第三个月，召开了全公司的第一次全体会议。会议上，新主管开门见山，对所有工作当中违反公司规定的人，进行了点名批评，并扣发季度奖金。让一群吃着公司的却不干活的人哑口无言。

后来，年终聚会的时候，大家问主管，为什么前三个月那么沉默，到第三个月突然爆发了。主管讲了这样一个故事：

有一个朋友，买了一栋房子，门前带一个小庭院。朋友嫌庭院里面杂草丛生，于是在装修房子的时候，一并将庭院里的杂草树木全部除掉了。后来偶遇原来的房主，房主问："庭院里的牡丹开了没。"朋友一愣："什么牡丹？"房主说，那是自己买来的珍稀品种，很名贵的，当初忘记告诉朋友，却被朋友当杂草树木给铲除了。

后来，朋友再一次搬家的时候，没有动原来的房主留下来的杂草丛生的庭院。到了春天，庭院里果然开了花，五彩缤纷。秋天，树上竟然还结出了果实。

新主管说："所以，一开始就'铲除杂草'，有可能铲除掉名贵的花草。"

义理解析

一个好的团队，出效率的团队，除了工作能力强的队员之外，还需要一个有管理能力的领导者。领导者的作用就是，在遇到岔路的时候决策大方向，在遇到错误的时候能够找出原因，及时"刹车补胎"，也就能及时止损。最重要的是，要想管理好自己的团队，就需要在出现错误的时候，学会批评和更正，这才是真正的止损。

故事一中的上司若会管理，就不会一而再地宽容工程师不负责任的狡辩。工程师若是明事理，该运用金字塔原理，先说结果，后说原因。如果他这样对上司说："这个错误确实由我导致，十分抱歉。"接下来再分析原因，不但能够得到上司的原谅，也能够表明自己意识到错误的态度。只有意识到自己的错误，才能够改正错误，这才是最重要的。

故事二中的新主管运用金字塔原理，经过一段时间观察，先说结果，再回过头来让大家自己看原因，让大家哑口无言。如果新主管一开始就新官上任，大刀阔斧，必然很难服众，也不容易树立好威信。就像新主管讲的故事，先让杂草生长，等开了花，再去决定其去留。

人生中，若没有这种智慧，很容易走错一步棋，就毁了整盘棋，不仅失去了人心，也会失去了整个大格局。只有学会运用金字塔原理，才能让理由和依据更充分，条理更清晰。

出谋划策

生活中，职场中，批评人事小，解决问题事大，所以，利用好金字塔原理，先谈结果，再谈原因，会让你事半功倍。

一、无论是批评者，还是被批评者，都可以先学会金字塔的逻辑

无论你是领导者，需要批评下属，还是你是下级，正被上级所批评，最好都学会金字塔原理的逻辑——先表达结果，再阐述原因。一来，可以让对方对你的态度一目了然；二来，先表述完结果再阐述原因，会让对方更加认真和仔细地听取原因。所以，要批评下属，先说结果再说原因，会让下属记住原因，保证不再犯错；被上级所批评，先说结果再说原因，会让上级更注重原因的分析，易被原谅。

二、将金字塔原理用在说话和汇报工作上，可以事半功倍

金字塔原理不仅仅用在批评上，平时也可用于说话的表述、工作的汇报。金字塔原理本身是一个逻辑性的典范，所以，在说话和汇报工作时，注重逻辑，注重层次，注重分析，会让人接受得更快，理解得更深刻，同时也是一种才华和能力的体现。想要成为众人的焦点，成为职场中的佼佼者，不妨学会合理运用金字塔原理。

含蓄提出自己的建议，让批评变得悦耳

 开篇叙话

张九龄有句名言："谗媚之言甘，贤良之言直。甘则易悦，直则难入。"好听的话我们都爱听，也都爱说。但试问，谁喜欢被批评？没有一个人喜欢被别人颐指气使、指手画脚。因为凡是批评，一定带着愤怒，带着责备，让人心里饱受愧疚之情。效果不好，还失了双方和气。

那怎样才能让批评变得悦耳？请将批评换一个方式，即将批评的话语同理转化为含蓄的建议。

批评的目的，就是想让对方能够纠正错误，并且下次不再犯。只要起到的效果是一样的，对方经过建议，了然你的善意提醒，下次一定会注意，那么批评的话完全可以转换成含蓄型的建议，既不伤和气，不失面子，也能达到目的。

情景再现

故事一：

李响是一家旅游公司的老板，有一个得力秘书小蓝。小蓝总是能够把李响的日程安排得很好，资料也整理得很规整，几乎没出现过什么问题。

一天，李响照常来上班，看到桌子上小蓝提交的一份关于周末宴请几个友好公司老总的名单。他扫了一眼名单，一股火气就冲到了脑子顶。按理说，这几个重要的老总小蓝都是认识的，也都见过。就算不熟，名片也都有留存。但名单上好几个老总的名字都打错了字。小

蓝竟然犯这么低级的错误。

李响冷静了一会儿，觉得小蓝平时是个心思细腻的人，工作能力也比较强，自尊心也很强。这种问题，不能靠批评来解决。

李响将小蓝叫进办公室，看了看小蓝的脸色说："小蓝，脸色有点差，最近状态不太好。要是身体不舒服，别硬撑，请个假回家休息休息。"聪明的小蓝知道自己状态不好影响了工作，立刻向老板道歉："对不起，李总，最近家里出点事儿，有点上火。"李响说："我就说嘛，肯定是状态不对。先把这份名单重新打一下，这几个画圈的名字改一下，然后就回去休息吧。先回去处理好家里的事。"

小蓝看了眼名单上好几个错字，脸红得不得了。当然，她十分感激老板没有直接批评她。小蓝下决心，以后工作会更加努力。

故事二：

楚庄王有一匹十分喜爱的宝马，命人好生喂养。可是那匹马却因吃得太好，过于肥胖，不久就死了。楚庄王特别上心，命令所有大臣都要为这匹爱马致哀，并且要按照大夫的标准和礼节，将其进行厚葬。

大臣们听了，觉得楚庄王在胡闹，纷纷表示这样不妥。楚庄王大怒，下令谁反对就砍头。于是，无人再敢反对。

这时，有个叫优孟的人来到楚庄王面前嚎啕大哭。楚庄王问："你哭什么？"

优孟说："这匹马是大王最心爱之物，想想我们楚国，什么宝贝没有，却只用大夫的标准来为大王的宝马进行葬礼，实在不妥。应该用君王的标准才对啊。"

楚庄王一听，大喜，觉得是该如此。

优孟继续说："棺材要用白玉雕琢，还要建上一座寺庙，立上牌位，将它封为万户侯，如此一来，全天下的百姓，都会知道大王是贵重马而轻贱人。"

第十五章　点到为止，批评不用重锤敲

楚庄王听到此话，才如梦初醒，说到："原来我已错到了这种地步。"

义理解析

若是李响直接批评小蓝："这么简单的工作都做不好？这么多错字，让那些老总看见了，会怎么笑话我们公司？"自尊心强的小蓝在意识到自己错误的同时，大概也会产生出这样的心理：我平日那么努力，工作尽力做到最好，也没见你立刻就夸好，今日犯这样的错，你却立刻揪住不放。从而产生出一种逆反心理，日后能否尽心尽力的工作，都要看小蓝究竟想不想做好这份工作了。

批评的目的，不是出气，不是泄愤，也不是让对方出丑。批评是想让对方改错，下次不再犯。所以，我们追求的是下次不再犯的结果。只要结果相同，我们就把说话的方式进行同理转换，将批评变成对方易于接受的建议。聪明的下属，领导点拨一下，就知道自己哪里错了，自然而然地也就接受并改正了错误。我们追求结果，更要追求关系的和谐。

优孟巧妙的"建议"，实则批评，让楚庄王一下子明白自己错得有多深。聪明的"建议"，不仅起到了批评的作用，还保住了脑袋。

许多时候，批评需要智慧。批评，也属职场交际范畴，做不好，会以最快的速度使两个人的关系破裂，引起争吵和矛盾。所以，当我们想要给予别人批评的时候，要想好，对方的错误值不值得将彼此的关系搞砸。

生活中，若将批评说得太直白，容易伤人心，也显得不近人情。所以，换个方式去批评，往往能收到意想不到的效果。

出谋划策

一、建议式的批评，需克制好情绪

所谓建议式的批评，即批评是真，建议是假，我们的主要目是想让对方引以为戒。但既然我们选择用建议式的方法进行批评，就要克制好自己的情绪，不可以在建议的时候大发雷霆，也不可以在建议的过程中揭人老底，更不可以在提出建议的时候恶语伤人，尽量用协商的语气，不伤害对方的自尊。

二、不可反复提起和啰唆，要挑重点

既然是对方有错，作为领导，心中一定有气。我们要学会化解这种气，不可在建议和批评中反复罗列利害关系，啰唆到无休止，这样就无法让对方意识到你在保护他的自尊，只能让对方在啰嗦中失去了耐心。所以，只挑重点阐述，让对方意识到严重性和紧迫性，达到目的就可以了，切忌反复就一件事长篇大论。

给批评裹上"糖衣"，就是给彼此互留面子

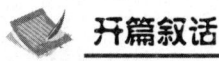
开篇叙话

有的领导，喜欢以批评树立自己的威严，喜欢当众批评下属，给人以"杀一儆百"的警觉，让其他人从中受到教育，保证以后不再发生同类的事情。这样固然有效，但也容易失去人心。毕竟，树立威严的方式有很多，不是只有直言批评这一种方式。

为什么说当众批评下属会失去人心？是因为"人有脸，树有皮"，人都要面子。被当众批评，被批评人的心里不仅仅会因被批评而不舒服，也会因为丢脸而产生愤恨的负面情绪。这样一来，面对的就不仅仅是所犯的错误问题了。

在批评他人的时候，不如给批评裹上一层"糖衣"。糖衣的作用就是，将有药效的苦药片，变成易被接受的"糖丸"，吞下去时嘴里是甜的，到了没有味觉的胃里才是苦的，真正的药效，也终究会发挥出来，达到治愈的效果。

带着"糖衣"的批评，虽然也是批评，却让被批评的人甘之如饴，也心领神会，更会记住这次错误，避免下次再犯。这样做，既保护好了双方的自尊，留足了面子，日后不会尴尬，也解决了工作中所遇到的问题。

情景再现

故事一：

李青是单位里的人事经理，由于领导比较信任她，李青工作能力交际能力又都很强，所以手里的实权要比实际职位大一些。

有一次，手下有个小伙子请假。李青问他请假的理由是什么。小伙子说："哎，家中老人去世了，是最爱我的外婆。"李青一听，一下子就知道了他在撒谎。上次单位聚餐，李青无意间听见他说过很羡慕那些有祖母外婆的，自己都没见过她们。

李青压低了火气，假装感染了小伙子的悲伤气氛，叹了口气说："你说，人死能够复生吗？"

小伙子一愣，说："不能。"

李青说："我原来也觉得不能，可是你外婆却可以去世两次，那不是去世了一次又复活了，现在又去世了，不是么？"

小伙子立马低下了头，脸红到耳朵根，连声说"对不起"，转身回去干活去了。

故事二：

在一家高档餐馆里，一个客人吃完了最后一道点心之后，顺手将

用过的景泰蓝食筷装进了口袋里。然而,他的所作所为都被一旁的服务小姐收入眼中。

服务小姐不动声色地走到客人身边说:"这位先生,十分感谢您对我们餐具的喜爱,感谢您的赏识,经过我们经理的特批,可以将这套景泰蓝食筷以优惠的价格记在您的账单上。您看,可以吗?"

客人当然知道是怎么回事了,于是对小姐说:"不好意思,多喝了几杯酒,头脑有些不清醒,误把食筷装进口袋里了。既然是本店的珍贵物品,我还是还给你们吧。"于是,客人取出食筷,并接过服务小姐手中的账单,结账去了。

 **义理解析** 　　李青如果因为手下撒谎而大动肝火,不免有失领导风度,且请假本是一件小事,如果因此闹得沸沸扬扬,手下脸上也挂不住。这时就不妨开个玩笑,给批评裹上"糖衣",让手下自己意识到错误。

如果服务小姐直接当众指出客人是小偷，要求客人拿出食筷，这会让客人失去颜面，以后再也不会光顾这家餐馆。同时也会引起其他客人的骚乱，认为这家餐馆有了小偷，以后谁还敢安安心心地在这家餐馆里吃饭。服务小姐裹了"糖衣"的批评，巧妙地化解了尴尬和矛盾。

生活中，如果将批评脱口而出，只能受情绪的左右，却不能完美地解决问题。不够理智，也不够智慧。就算自己占尽了理，对方全是错，也还是会得罪对方，失去人心。

所以，智慧的做法是，适当地将批评裹上"糖衣"，确定药到病除就可以了。

出谋划策

批评要分场合，分时机，分对象，"糖衣"也不是随便裹，批评更不能张口就来。

一、"糖衣药丸"要给脸皮薄的人才有效

作为领导，并不是在批评每一个人的时候，都要裹上"糖衣"。有的人屡教不改，无论采取什么样的批评措施，效果都不佳。对于这样的人，就算是"糖衣药丸"也不会有药效。所以，"糖衣药丸"只分给那些脸皮薄的人。同时也要看对方对错误的认知态度，有无悔恨之意，有无改过之心。这就像对症下药一样，有的药需要裹糖衣，有的药不需要。有些人的批评需要裹糖衣，有些人的批评则不需要。

二、在"糖衣"里加点暗示，加点安慰，加点旁敲侧击

"糖衣"不是甜言蜜语，毕竟是批评，我们需要达到批评的效果，需要对方引以为戒，下不为例。所以，"糖衣"里还需要加点别

的成分，比如暗示、安慰和旁敲侧击。年轻时候的莫泊桑向作家布耶和福楼拜请教写作技巧，并把自己写的诗歌给二位看。布耶喝了口香槟说："你的诗歌，意向过多，像牛蹄筋一样嚼不烂，不易理解。但我还读过更坏的诗，难以下咽。你的诗，像这杯香槟，勉强可以咽下。"虽是批评，但布耶巧妙地加了点安慰，听起来就让人好受多了。

想要对方接受批评不妨先承认自己的不足

 开篇叙话

德国有句谚语："不会评价自己，就不会评价别人。"批评也一样，不懂得自我批评，只会批评别人，不会被信服不说，也难以得人心。

作为领导，有的时候会迫切希望下属能够接受批评，只有接受了，才能够有心去改正。但每个人都有自己的性格，不同的性格，对同一件事表现出的态度也会有所不同。大多数人在被批评的时候，内心很容易滋生出不服气、愤恨、憎恶的情绪来。所以，批评所起到的效果也许并不尽人意，甚至有可能与预想相悖。

想让对方接受批评，可以先语重心长地谈谈自己。比如"我年轻时候也这样，莽撞，但也像你一样，干劲十足"；或者"你这样的错误，也是人之常情，我在你的位置，也许还不如你。但错误一旦犯了，它不管轻重，只有坏的结果。所以不论是谁，都要改"。先承认自己也不是"完人"，再去批评，就会给双方余地，给对方留足了面子和改过的空间。

情景再现

故事一：

约翰在一家商贸公司的市场部做经理。有一次，由于约翰的疏忽，没经过市场调查，就批示了一个职员为某大公司生产制作3万部高档某电子产品的报告。当所有产品生产完成准备报关的时候，约翰发现，之前的职员已被"猎头"。这就意味着，这批货如果发出，将会无影无踪，一大笔贷款自然也就没了着落。这个损失足以让公司破产。

约翰十分痛苦，都是因为自己的失误才造成这么大的错误。约翰主动找到上司，说："对不起，都是我的失误，我会想尽一切办法来补救，请给我一次机会。"

上司说："审核过程，我把关不够严格，我也有错。与其说是给你一个机会，不如说是给我自己一个补救的机会。现在，我正在申请财务部门出一笔考察资金，你想想补救办法吧。"

约翰带着这笔钱开始满世界跑，找每一个能够合作的可能性。终于，功夫不负有心人，约翰在一个半月后，将3万部电子产品全部转让出去，甚至比原来价钱高出了一点。贷款按时付完，公司终于过了这一难关。

故事二：

松下幸之助先生曾和员工之间发生过这样一段故事：

有一次，一个员工使一笔贷款流失，很难追回。这让松下幸之助勃然大怒，并在会议上将犯错误的员工狠狠地批评了一顿。

当松下幸之助冷静下来之后，觉得整件事自己也有错。当初那笔贷款也是自己签了字的，怎么能把全部责任都怪罪到员工身上呢？想通了的松下幸之助，立刻拿起电话，真诚地向员工道了歉。

在电话中，松下幸之助得知这位员工正好在当日乔迁新居，他特意赶到了员工的新家，一起帮忙搬家具，员工深受感动。

一年之后，这位员工早已不再将这件事挂在心上，却收到了松下幸之助亲笔写来的一封信。信上说："让我们都忘记这一天，迎接新的一天到来吧。"

收到信的员工感动得热泪盈眶，至此工作中尽心尽力，再没出过错。

义理解析

约翰的上司和松下幸之助，作为领导，都是很有风度且很有智慧的。他们懂得反思，懂得在揪出别人错误的时候，能够看到自己身上的不足，并且敢于和下属承认自己的不足和错误。只有这样，才会让下属心中平和，没有怨恨，也会让下属更愿意去承担责任。

反过来说，如果上司一味地批判和责备犯了错的下属，并且惩罚下属，甚至开除下属。试想一下，这些行为的后果。一，领导的惩罚会让下属觉得自己犯的错已经得到了责罚，心理上已经原谅了自己，下一次也许还会犯；二，领导的态度会让下属觉得自己承担全部错误，未免太不近人情，这样的领导，会让人觉得眼睛只盯一处，不会眼观六路。

所以，想让别人接受自己错误的事实，想让别人改正所犯的错误，避免下次同样的错误造成损失，那就先好好反省一下自己，是否自己也在这个错误里应该承担一部分责任，而不是将所有的错误都推到犯错者身上。

出谋划策

在批评别人的时候，能够自己也认个错，效果将会是只批评不认错的几倍。

一、跨过心理障碍，勇于承认自己的错误

能够看到自己的不足，这是一件很难的事。人人都不愿意承认自

己也有错，尤其是领导面对下属，面对犯了更大错误的人。但是，这道坎你跨过了，你的胸襟，就开阔了；你的层次，就上去了；你的事业，也将会在另一个平台之上。这不仅仅是一句话的事，是看作为领导的你，能不能放下你所谓的架子，能不能锐意进取懂得自省，能不能冷静分析和解决问题而不是一味的指责。

二、就算是批评，也需要就事论事，诚心诚意

就算面对的是下属，就算是在批评下属，也要就事论事，诚心诚意。就事论事，是指就此一个问题来说明问题，而不是把人的问题也扯进去。比如，"你这个人就是这样，不光工作上犯错，连和同事好好相处都不能。"往往这样的牵扯到别的地方而非问题本身的语言都容易引起憎恶，对解决错误毫无帮助。诚心诚意是指，就算是在反省自我，承认自己的错误，也不要虚假，让人感受到你的真诚，一切才算数。

> **经典箴言**
>
> 有些事，不明不白，让人猜不透；有些理，概念模糊，让人悟不出；有些路，坎坷难走，让人行不通。有些话，能不说就沉默，藏在心里更适合；有些伤，能不揭就放下，无声忘记更明智；有些事，可以看透，但不要看破；有些人，可以看穿，但不要戳穿；给事留一个机会，给人留一个空间，给己留一份尊严。

第十六章

赢得认同,机智的回答让你绝处逢生

"尚巧善变"是中国武术的重要技术特色,我们中华民族是一个崇尚智慧的民族,常以小胜大,以弱胜强,提倡"尚巧善变"。而这一招,不仅仅可以用在武术当中,用在人际交往中,用在谈话中,一样恰到好处。一句机智妙语,一句巧妙回答,既能破解尴尬、解除矛盾,又能提升魅力、赢取掌声。

妙语解尴尬，提升自身魅力

开篇叙话

春秋时期，齐国宰相晏子个头比较矮，出访楚国的时候，楚国的国君想让晏子出丑，于是下令只开城门大门旁边的小门迎接晏子。晏子一看楚国用小门来迎接自己，便知楚王不怀好意，于是晏子说道："我想，出使狗国，才从狗洞进入。今天我出使的是楚国，应该走的不是狗洞吧。"

职场当中，也难免遇到尴尬的情况。比如，同领导乘一部电梯，气氛微妙，没有话说；又比如，一进办公室，发现大家正在八卦，而八卦的主角，正是你；再比如，办公室同事之间开玩笑，开过了头，你是尴尬的一笑而过还是大为光火大打出手。无论哪一种，似乎都不是绝妙的解决方法。

生活中，我们时常也会遇到尴尬，有时是别人不故意而为之，有时则是别人故意让你当众出丑。遇到这种情况，我们难道要保持沉默，任人耻笑？其实，只要用智慧，用妙语，不仅可以解除尴尬，还能够提升自己的魅力。就像晏子一样，不但没让对方得逞，还让对方出了丑。所以，只要足够机智，尴尬总会化解。

情景再现

故事一：

某知名企业总经理，有一次去某贫困县参加捐资助教的活动，仪式在一所中学举行。

当日，县里的领导，还有企业来的一行人一同坐在主席台上。突然，总经理坐的板凳一下子断掉了，他重重地摔倒在了地上。他觉得万分窘迫，顿时脸红到了耳根，十分难为情。场面气氛异常尴尬。

这时，眼疾手快的助理急忙上前扶起总经理，为了化解尴尬，这位总经理风趣地说："看来，这次的捐款一到位，咱们先买凳子。"一句话，把现场的所有人都逗笑了。

故事二：

林肯在做总统期间，有一日，他穿着工人服装在总统府的草坪上修剪草坪。这时，一位州长来访。

州长居高临下地冲林肯喊到："喂，干活的伙计，总统在吗？"

林肯回答说："在。您稍等，我去叫他出来。"

过了一会儿，林肯换下了工作服，穿上了正装，给州长鞠了个躬说："先生，我帮你把林肯带出来了。"

义理解析

总经理调侃了一下，就让自己从尴尬的境地里摆脱出来。林肯的一句"先生，我帮你把林肯带出来了"，缓解了自己被当成仆人的尴尬。有时候，从尴尬的境地里走出来，就需要简简单单的一句话。这一句话说好了，不仅能解除尴尬，还能够提升人格魅力。

尴尬如果当场不解决，就容易拖着长长的尾巴，在日后也会成为人们茶余饭后的谈资和笑柄。作为领导，在员工和下属面前有失威严和威信；作为员工，在领导和同事之间留下不好的印象，成为职场路上的绊脚石。但是，若当场解除了尴尬，则会让尴尬成为不可多得的一段美谈。

出谋划策

尴尬的场合太多,而我们能够因为尴尬就停止交际活动吗?尴尬不可怕,化解好了,不仅可以消除尴尬,还能提升自己的魅力。

一、偶遇上司,别表露出你的尴尬之情

心理学研究表明,每个人都有自己的磁场,当关系并不亲密的人"侵入"自己的磁场时,人体磁波会接收到信号,并受到干扰。而对于员工来说,上司就是一个"压力磁场",本身就有一种不可靠近的感觉,能回避就回避。但是,若在电梯中,或者卫生间偶遇,作为员工来说,不要太严肃,可以用最简便的方式表达你的善意和敬意,一个微笑或者一个点头,就能使凝重的气氛缓和。如果和上司不得不谈上几句,那么也尽量避开工作内容,哪怕是闲聊天气。

二、同事之间的尴尬,尽量由大化小,直到化为乌有

建立同事之间的关系,就像建造一座大厦,不是一天两天就能完工;然而毁灭一段关系,却可以是顷刻之间。比如同事之间有了摩擦,再次单独遇到,或者工作上有所接触,都会很尴尬。解决了矛盾,才会避免尴尬。如果发生冲突的原因在你,你可以开个小玩笑,轻松地向对方道个歉;如果矛盾的源头不在你身上,那么让自己学得善解人意些,不妨主动示好,也就会被对方认为心胸宽广,有人格魅力。这一点,我们应该学学小孩子,彼此做个游戏,第二天所有矛盾都忘掉,没有什么矛盾是必须记在心上的。

三、撞上同事们正在议论你的"八卦",巧妙地躲开尴尬

有人的地方必有八卦。如果一不小心成为八卦的主角,有两种方

法可以解除尴尬。第一，假装不知道说的是谁，抢着问大家："在说谁呢？好像挺好玩？"然后自己再说别的话题，岔过去；第二，听到之后，笑着对大家自嘲一番，说："好像是这样哦。"大家也就不会放在心上。这样做既能够保护自己，又能够消除大家心中的芥蒂。若你一言不发，大家发现你已经听到，各自心里都很别扭，日后可能会成为一个矛盾的导火索。巧妙的避开，才是王道。

表达自己的想法时要站在对方的立场

 开篇叙话

美国汽车大王亨利·福特说："如果成功有什么秘诀的话，那就是站在对方的立场看问题，如同从自己的立场看问题一样。"

这就像我们钓鱼一样。我们自己喜欢吃肉，吃甜品，吃冰淇淋，可是小鱼不会爱吃这些东西，我们得站在鱼的角度上去想，鱼爱吃什么饵，放在鱼钩上，鱼才会去咬饵，这是最简单的站在对方的立场上思考问题。我们谁都不可能在鱼钩上挂着肉或者甜品去钓鱼。人交往过程也是一样，"钓"人时，也是同样的道理。对方爱"吃"什么，你就给什么，双方才会建立互动关系。

人与人之间，大多数都是与利益相关。就连没有利益关系的朋友，也是因为和你在一起感觉舒服感觉快乐，才会愿意靠近。所以，我们与人交往，多站在对方的角度想问题，多给对方点甜头，人们自然就愿意接近你，人脉也就理所当然建立起来了。

情景再现

故事一：

农场里，主人养了一只猪、一只绵羊和一头乳牛。它们彼此的畜栏离得很近。

有一天，主人进畜栏抓住了小猪。小猪拼命地嚎叫和反抗。正在睡觉的绵羊和乳牛被小猪的嚎叫吵醒，十分不耐烦，冲着小猪说："你大喊什么啊，他经常捉我们，我们也没这样大喊大叫过。"

小猪听了后回答："他捉你们和捉我，完全是两回事！捉你们只是为了你们的乳汁和羊毛，他捉我，要的却是我的命啊！"绵羊和乳牛不以为意，觉得小猪是无病呻吟。

终于有一天，主人在捉绵羊的时候，绵羊看到了主人手中的刀。不久，乳牛也得到了同样的下场。

故事二：

有一位少年想要解决一些困惑，于是去拜访一位德高望重的长老："我该怎样做，才能让自己幸福，又能带给他人快乐呢？"

长老说："只有四句简单的话，就可以做到。第一句：把自己当作别人。"

少年说："您的意思是，当我感到痛苦时，就把自己当成是别人，这样痛苦就像转移了一般，减轻了我自己的痛苦。当我十分快乐的时候，把自己当成是别人，就不会因快乐过度而得意忘形。"

长老点头，表示少年说得对，接着长老又说出了第二句："把别人当成自己。"

少年解释说："当别人有难感到痛苦时，用心去同情他人，理解他人，并尽自己最大努力去帮助别人。"

长老又微笑点头，说出第三句："把别人当成别人。"

少年说："意思是说，我要尊重别人，在任何情形下，都要根据对方的性格和行事方式来调整自己的言行。"

"说得很好！"长老眼中流露出赞许的目光，说了第四句话："把自己当成自己。"

少年想了一会，摇摇头说："这句话的意思我还不太懂，而且，这四句到现在为止已经互相矛盾了，怎么统一起来运用呢？"

长老说："很简单，用一生去体会和感悟。"

义理解析

绵羊和乳牛，没有站在小猪的立场上想问题，还嫌弃小猪的嚎叫让人心烦，殊不知终有一天，它们也会面临和小猪一样的下场。

就像智慧的长老说的那样，用心去感悟"他人"和"我"之间的关系。这也是真正的人和人之间的关系，也是既让自己幸福又让他人快乐的唯一方法。

不会站在对方的角度思考问题，很容易形成"他人即地狱"的思维。认为什么都是他人的错，怎么做都是他人不好，自己心路越来越窄小，越来越不容易快乐，看什么都不顺眼。而这种情绪一旦表现出来，也会让对方产生厌恶，人际关系很容易走向极端。

当别人有困难时，千万不能落井下石。要多站在对方的角度上，想一下自己有一天若遇到这样的情况，旁人的所作所为会给自己带来什么样的影响。这样一想，你的心中就能够升起对别人的宽容和怜悯，就能够主动想要帮助对方。

职场中，若有同事因犯错受到责罚或者被开除，千万不能幸灾乐祸，要懂得感同身受，要懂得体谅人心。如果对方正在经历人生低谷，要记得好言安慰，给予自己所能做的，这样才能获得人心。

出谋划策

李嘉诚曾经说过:"人要到处去求生意就比较难,生意跑来找你,你就容易做。如何才能让生意来找你?那就要靠朋友。如何结交朋友?那就要善待他人,充分考虑到对方的利益。"

一、站在别人的角度思考问题,更容易推销自己

毛姆在成名之前,生活十分贫苦。有一次,毛姆写完一篇小说后,还突发奇想地在报纸上登了一则征婚启事。征婚启事中表明,自己是一个喜欢音乐和运动的人,是年轻又有教养的百万富翁。自己心目中的理想伴侣是想要一个像毛姆小说中女主角那样的女子。几天之后,毛姆的小说被抢购一空。这说明,想要推销自己,不妨站在"伯乐"的角度去想问题,更易推销自己。

二、要想给自己开拓一条路,不妨从对方的角度思考问题

有这样一个盲人:他虽然看不见任何东西,却每次在夜间出门时都提着一盏明晃晃的灯笼。人们十分不理解盲人的所作所为,认为他是"瞎子点灯——白费蜡"。最后,这位盲人作出了解释:"我这样做,不是我能够提着灯笼看见什么,而是让别人看见路,看见我,就能避免撞到我。"大家恍然大悟。所以,站在对方角度思考问题,既给予了别人方便,又能更好的保护自己。

三、多给予他人利益,利益才是对方真正需要的实质性所在

美国大银行家摩根,一生当中有无数的合作伙伴。摩根有一个规则,和合作伙伴之间的利润,一直是四六分成。自己四成,对方六成。也正是这个规划,让各行各业的人,都抢着和摩根合作。有人曾

问摩根："这么多人和你合作，你完全可以拿六成，别人拿四成，即便这样也还会有许多人愿意和你合作。"摩根说："那样的话我拿到的六成可能是有限的，但现在，我拿到的四成已经数不清了。"李嘉诚在同人合作时，也始终坚持这一个原则。所以，多给予他人利益，才是自己获益的前提。

遭遇"话题陷阱"，依靠冷静应对自如

开篇叙话

无论在任何场合，聊天聊得愉快是大家所共同追求的。而聊天中，聊天话题又是决定氛围的关键性因素。绝大多数人都觉得聊"八卦"很有吸引力，也爱聊"八卦"，这符合人的心理，喜欢探听别人的隐私。

但是，我们要警惕的是，聊天的话题有可能会成为"话题陷阱"，你想了解八卦和隐私的心理是满足了，可也许会陷入一个是非矛盾的圈套当中，或者得罪了八卦的对象，或者作为八卦的传播者成为众矢之的。这样遭遇"话题陷阱"的下场，不仅不能提升你的人气，还会给你带来负累。

尤其注意的是职场中的饭桌话题，或有关于利益划分、责任划分的话题。一不小心，我们就会成为陷阱中的猎物，使自己利益蒙受损失，使自己在人际关系网中寸步难行，傻傻为别人的错误和缺陷买单。

情景再现

故事一：

林立在五楼人事部门工作，几个星期前，被借调到四楼的市场部

门。有一天,林立曾经的一个客户打电话到人事部门找他:"林立在么?我们这里有一份资料需要转交给他。"

接电话同事说:"林立已不在人事了。"

这位客户大惊:"啊啊!?这是什么时候的事啊,怎么这么快啊,我怎么不知道啊,还没来得及送他呢?"

"没关系,你可以去下面找他啊。"接电话的同事这样说。

故事二:

在企业季度绩效考核的大会上,营销部门经理说:"这段时间,销售任务完成得不好,我们有一部分责任。但是,主要的责任不在于我们，我们的对手都太强大了，纷纷出一些新产品，新产品都有新技能，吸引了客户，我们的产品已经没有竞争力了。我觉得，这个问题，研发部门要深思了。"

研发部门经理说："最近，我们研发部门推出的新产品是比之前少了很多，有点跟不上市场的节奏，落后了很多。可是，这也怪不着我们啊，财务部门不给拨款，没有研发经费，谈什么研究，谈什么开发新产品啊，连部门里的人都快养不活了。一个个吵着要跳槽。这个问题，还是问问财务部门怎么解决吧。"

财务部门经理说："研发部门的预算是被我们给削减了，但这也是无奈之举啊，整个公司要运营，到处都要花钱，成本又比之前贵了很多，总不能不买原材料吧。不削减预算，去哪买原材料呢？你说对吧，采购部门？"

采购部门经理说："我们的采购成本是上升了10个百分点，可你们知道为什么上升这么多吗？你们觉得正常吗？告诉你们吧，这是因为俄罗斯的一个生产铬的矿山爆炸了，所以导致不锈钢的价格迅速攀升，这种因素，我们怎么可能控制得了呢。"

这时，销售部门、研发部门和财务部门三位经理一起说："原因在这里啊，这样说来，我们大家都没有什么责任了啊。"

人力资源经理这时开口说道："那这样说来，我只能去考核俄罗斯的矿山了。"

接电话的同事，口误造成的误会，很容易成为一个"陷阱"，也易就此得罪人。挨骂挨打都是有可能的，毕竟在中国文化里，死是很忌讳的话题。这样说，不是诅咒人家吗？

关于错误和责任的划分，销售部门、研发部门、财务部门和采购部门的经理，每个人的话中都有陷阱，都是在推脱自己的责任，希望别人承担。但是，机智的人力资源经理一句话，就巧妙而冷静地驳回了所有人的观点，换句话就是说："那这样说来，既然责任和你们大家都无关，那获取的利益部分，也将与你们无关。"

被卷入"话题陷阱"，这对我们十分不利，应该避免，或者化解。否则"话题陷阱"带来的误会，会让我们"损伤"惨重。而职场又是"话题陷阱"十分多的场所，所以不想职场失败，必须重视"话题陷阱"的处理。

遇到"话题陷阱"，机智一些，冷静一些，总有对策可以化解，而不是使用蛮力。谨慎说话才对，不急不躁才对，不能够一发觉是"话题陷阱"就进行攻击。不落入圈套，就算赢了。

出谋划策

"话题陷阱"，会使人如履薄冰，稍有不慎，就蒙受损失，遭人陷害。所以，一定要冷静应对。

一、遇到爱"套话"的同事，敬而远之

办公室里，经常会有那种表面是在八卦闲聊，实际上却是在"套话"的同事。小到喜好和家事，大到谈论领导和金钱，不断地从你口中获取"谈资"。这种"话题陷阱"要谨慎预防。因为，不一定何时，你栽的跟头，就是"话题陷阱"中滚落的这个绊脚石。所以，遇到爱"套话"的同事，还是敬而远之为妙。

二、没有谁对谁错，你说出来就是你的错

有时在工作中出现责任的纠纷，容易被同事套话，或者直接被领导找去谈话，而谈话中往往就会出现"话题陷阱"。比如领导会循循

善诱:"你说吧,这件事责任在谁,你说出来就没你什么事了。"或者说"你知道是怎么回事吧?我知道你是一个正直的人,作为单位的一分子,该说的问题一定要说。"这时候,你一定要小心,有些话说出来就是你的错。

三、遭遇"话题陷阱",少讲理,多插科打诨

当遭遇"话题陷阱"时,如果你认真严肃对待,那么你就中招了。你讲理,对方一定有更多的理在等着你。所以,遭遇"话题陷阱"少讲理,多插科打诨,靠打哈哈、开玩笑、岔话题来解决危机。

四两拨千斤,以调侃自己来解除矛盾

 开篇叙话

英国著名文学家萧伯纳有一天走在大街上,被一个骑车的人撞倒在地。萧伯纳拍了拍身上的泥土,站了起来,幸好只是擦破点皮肉,没有大伤。骑车的人吓坏了,赶忙问萧伯纳有没有伤到哪里。萧伯纳大出一口气说:"先生,你的运气不算太好,因为你要是撞死我,你就可以名扬四海啦!"

萧伯纳用调侃的话语消除了当时紧张的气氛,让骑车人松了一口气。据说这个骑车的老兄,还和萧伯纳成为了好友。这说明用调侃自己来解除矛盾,既能起到四两拨千斤的作用,还能收获人心。

我们在人际交往中也难免出现矛盾。矛盾的存在,能够影响我

们的心情，阻碍我们事业的发展，甚者还能让婚姻和家庭不幸福。职场中"磕磕碰碰"也是常有的事，人生中充满了障碍和黑暗。所以，我们必须解除这些矛盾，才能有幸福的生活。而有时，解除矛盾也没有我们想的那么难，轻松几句调侃，也许，自己与对方就放下了所有前嫌。

情景再现

故事一：

有一位将军，头发稀少，头顶几乎没有头发。一次他到军官的俱乐部参加宴会。一个中士服务员来到将军面前，给将军斟酒。

可是，中士服务员手一抖，不小心将酒水洒在了将军的头上。这下，气氛一下子就诡异了起来，大家的心都提到了嗓子眼。将军会怎么处罚这个中士呢？中士服务员更是吓得脸色惨白，额头上都渗出了汗珠。

这时，将军不慌不忙地从口袋里拿出手帕，擦了擦光亮的脑袋，笑着对中士说："我这秃头啊，我光治它就治了二十多年，什么办法都用过了。你今天这方法我也用过，没有效果，不过，还是谢谢你。"

大家听后，哈哈大笑。中士笔直地向将军敬了一个礼，流下了感动的泪水。

将军若揪住犯错的中士不放，责罚士兵，则说明他无比在意自己秃头这件事。既然已经到了比较尴尬窘迫的境地，不如顺水推舟，调侃一下自己，既安慰了中士，又体现出了自己的宽宏大量，赢得了在场所有人的赞美和尊重。

很多时候，我们都会遇到这种矛盾。若不及时化解，日后就会成为心头的疙瘩，不仅是人际关系上的疙瘩，也是职场和生活中的疙瘩。自己心里不舒服的同时，也难免会让对方感觉到恶意与不公平，认为自己是最倒霉的那一个。

其实，只需转换心境，运用智慧，聪明地调侃几句，四两拨千斤，就可以及时解除矛盾，解决后患。

出谋划策

调侃自己并不难，首先认识自己，认准自己的位置，把自己放轻放低，别人自然就把你举高了。

一、别人调侃自己是出丑，自己调侃自己则是保护自己

别人当面调侃你，那是为了让你出丑。但我们自己调侃自己，却是为了更好的保护自己。一是让人觉得你平易近人，容易接近，不是一个"老虎屁股——摸不得"的人；二是让对方放下戒备的心理，不觉得你是一个危险性强的人；三则是自我安慰，学会积极乐观地思考问题，开阔自己的心胸，让自己免于受被他人"调侃"之苦。

二、机智的调侃，可以改变人们对你的印象，改变事情的发展格局

小布什在经历了扔鞋事件之后，答记者问时，记者问他："当鞋飞来的时候，你想到了什么？"小布什说："我注意到那是一双10码的鞋。要是给我做圣诞礼物，那鞋子有点小。"小布什机智的回答，避重就轻，四两拨千斤，就把话题给幽默化了，也将自己从尴尬的矛盾中解脱出来，博得大家一笑，也让自己心里轻松许多。

经典箴言

> 机智的回答，会让一个人的智慧和学识得到完美的诠释；机智的回答，会让人高看一等并得到赏识；机智的回答，可以让一个人摆脱困境或窘境；机智的回答，可以让人绝处逢生，柳暗花明。

第十七章

先说服自己，才能说服别人

《孙子兵法》中说：攻心为上，攻城为下。生活中，职场中，我们想要成功，想要说服他人，可以从语言上攻下对方的心。话怎么说，才能让对方喜欢，才能让对方和自己观点一致，才能让自己心愿达成，不妨问问我们自己的心，先说服自己，再去说服他人，往往会有事半功倍的效果。

对方喜欢听什么就说什么

开篇叙话

卡耐基曾说:"不管是屠夫还是面包师,甚至是宝座上的皇帝,他们统统都喜欢别人对他们表示出好意。"说对方喜欢听的话,在某种程度上,是一种示好的表现。而人人都喜欢他人友好地对待自己。

每个人都有喜好,如果从对方的喜好入手,就会很容易接近对方。尤其是想要说服一个人的时候,最好不要据理力争,不要滔滔不绝,更不要直入主题,不给彼此留一条缓冲带。而是要先找到一个让人放下防备心的入口,能让对方接受你,说服也就成功了大半。

生活中,那些人们都喜欢的又很健谈的人,情商普遍都很高。因为他们知道投其所好,知道说别人感兴趣的事和爱听的话。先说别人爱听的话,就像亲手在搭一座桥梁。话说得多漂亮,多深入人心,桥梁就有多坚固。等到修建完了桥梁,我们自然可以通过桥梁走到对方身边,说服也就变得轻而易举。

情景再现

故事一:

爱德华·查力弗是做童军教育工作的,有一次,他想帮助一个童军参加在欧洲举行的世界童军大会。这需要他筹措到一笔足够的经费,才能够帮助这个童军。思前想后,他决定亲自拜会一家大公司的董事长,希望这位董事长是个慈善的人,能够慷慨解囊赞助一笔经费。

在拜访之前,爱德华听说这位董事长曾经开出过一张100万美金的支票,后来支票因故作废,他还特地将之装裱起来,挂在墙上,留作纪念。

于是,爱德华和董事长初一见面,就对100万美元支票的事表现出很大的兴趣,提出想要参观一下支票的要求。董事长听了很开心,不仅答应了爱德华的要求,还主动讲起了支票的来历。整个谈话过程中,爱德华都表现出了极大地兴趣,不时对董事长地讲述做出反应。

最后,还没等爱德华说明来意,董事长便主动问他:"此行有什么需要帮忙的吗?"爱德华说明了自己的来意后,董事长不仅爽快的答应了爱德华的要求,还主动提出要额外赞助五个小童军去参加国际童军大会。爱德华感激不尽。另外,董事长还亲笔写了封信,命令大会所在地的分公司,为小童军准备食宿,提供服务。爱德华此行收获丰厚,满意而归。

故事二:

美国耶鲁大学教授威廉·费尔普,在自己的文章《论人性》中,讲述了一个他亲身经历的故事。

威廉小时候,去姨妈家里玩。到了晚上,一个叔叔来姨妈家里做客。叔叔和姨妈聊了一会天之后,就把注意力转移到了小威廉的身上。

小威廉对大人间的谈话毫无兴趣,只顾专心致志的玩帆船。叔叔和小威廉聊起了帆船,聊得火热。当时,威廉特别开心,觉得遇到了知己。叔叔告别了阿姨家,威廉仍然对他留恋不舍,并向阿姨表示,还希望叔叔来做客。

威廉对他的姨妈说:"这个人真是太好了,他也热爱帆船,我很喜欢他!"但是,令威廉想不到的是,姨妈却淡淡地回答他:"他的职业是律师,他才不会真的对帆船感兴趣呢!"

威廉失望地问:"为什么他会和我聊得那么开心呢?"姨妈的回答让威廉一直记在心中。姨妈说:"因为你对帆船感兴趣啊,他为了让你开心,就聊些你喜欢的话题,这样做是为了让自己更加受欢迎。"

义理解析

董事长之所以将100万美金的支票装裱起来,也说明他内心里为此洋洋得意。爱德华抓住了董事长的心理,从支票切入话题,自然就取悦了董事长。这时候要说服董事长赞助小童军,把握和胜算都十分大。如果爱德华一进门,就对董事长说赞助童军的事,董事长可以有许许多多的理由来拒绝。

威廉之所以如此喜欢这个陌生人叔叔,完全是把叔叔当成了"自己人"。小孩子的心理,可以和自己聊得来,感兴趣的东西一样,就可以一起玩,就可以做朋友。这是那个律师深谙的道理。

人生中,若不懂得投其所好的去说话,在谈话中自然也无法吸引他人的注意力。直来直去地说服别人,也会让人产生反感的心理。求人办事也都只能靠运气。

张口就来的说服,会让人在心里说:你谁啊?有点高估了自己吧。我和你很熟吗?不要不信,有时候我们自己面对直来直去的人也会有此想法。关系无法打通,聊天无法顺畅,都在情理之中。久而久之,无论是在职场中,还是生活中,你都会认为说服别人是一件很难的事,内心里抵触,什么也做不成。

只有像爱德华和律师那样,投其所好的说别人爱听的话,才是最佳的说话方法。

出谋划策

想要说服别人,首先要说服自己,去说别人爱听的话,聊别人感兴趣的话题,这样,才能够顺利的展开对话。

一、根据对方眼下的状态来说话

摸准对方的境况，就是对方是什么人，在做什么，需求什么，对什么感兴趣，说什么能够听得进去。比如面对一个正在为失恋而哭泣的女孩，你能让她帮你出席一下下周的例会吗？面对一个五岁的孩童，你能和他谈论今天是牛市吗？面对忙的焦头烂额的同事，你能让他帮你找关系买张足球票吗？面对发展状况不是很好的公司老板，正头疼如何提高营业额时，你提出涨工资这有可能吗？显然，这都是不合时宜的。

二、将心比心，设身处地的站在对方的立场上

俗话说：设身处地，将心比心，人同此心，心同此理。许多时候，我们在职场中、生意场中、生活中，无法说服别人，就是因为没有将心比心，设身处地的站在对方的立场上去思考问题。如果我们站在对方的角度，说别人喜欢听并且能接受的话，将两个人的心同理起来，说服就没有那么难了。

激将法往往更容易达到目的

 开篇叙话

面对小孩子，我们经常用激将法去制服小孩子的叛逆。但其实大人也有小孩子的一面，即叛逆心。所以，大人也可用激将法来说服，适当地去刺激对方的感受，让对方产生有利于你的叛逆心理，从而达到目的。

俗语说："请将不如激将。"在生活中，我们可以用激将法来教育孩子引导孩子，向爱人申请小礼物增进感情，在商场购物时用激将法来杀价。在职场中，也别小瞧激将法的用处。面对难以说服的客户，尝试用激将法来让客户心甘情愿的买单；面对申请资金或项目困难的领导，用激将法来让领导满足你的条件；面对下属，想让下属更开窍更能干，也不妨尝试一下激将法，激励出下属的潜能。

激将法用好了，在各种大小谈判中，省时省力，更易达成目的。这就需要在说话时，注意好技巧，巧用激将法。

情景再现

故事一：

某单位一部门经理，想换一台电脑。自己的"大脑袋"电脑，早就嗡嗡作响，时不时罢工了。但是，部门经理知道，领导是出了名的铁公鸡，这关不好过。

一天，部门经理来到领导办公室，和领导谈事情的时候，有意无意地拍了拍领导办公桌上的"大脑袋"说："这电脑跟着咱公司几个年头了。按理说，以咱公司现在运营的状态，这个被客户或同行看到，会被笑话吧，以为咱买不起新电脑呢。咱公司的形象问题，也该注意一下。"然后没等领导有所反应，就把话题岔开了。

没过几天，公司里出现一批新电脑，换掉了"大脑袋"。

故事二：

第一个身价亿万的美国黑人富豪罗伯特·约翰逊，是美国黑人娱乐电视网的创始人。当初，约翰逊决定在芝加哥建造公司总部的办公大楼，但需要银行贷款。约翰逊跑了很多家银行，始终没有筹集够足够的资金。

约翰逊决定，先用手中筹集来的200万贷款，着手开始建造。余下的500万，只能相当于一场赌博。若在200万用光之前，拿不到500万贷款，只能停工。工程很快就开始了，在200万所剩无几的时候，约翰逊认识了大都会人寿保险公司的一个主管。

约翰逊在和这个主管吃饭的时候，准备拿出他随身携带的蓝图向主管说明。主管当即阻止他，说："在这不便交谈，明日到我办公室来吧。"

约翰逊觉得成功的几率很大。果然，第二天在主管的办公室相谈甚欢，主管也答应了贷款给他。但是约翰逊很着急用钱，于是向主管提出："我希望，今天就能得到贷款的承诺。"主管大笑道："你在开玩笑吗？我们从来没有过这样的案例，在一天之内给出贷款的承诺。"

约翰逊将身子挪了挪，凑到主管的耳边说："你是主管，你应该有足够的权利，能够在一天之内给出贷款的承诺。"主管笑着说："虽然为难，但我试试看。"

结果，约翰逊达到了自己的目标，按照约翰逊的意愿，主管在一天之内给出了贷款的承诺。

义理解析

部门经理利用领导作为成功人士,在客户和同行面前不能失了面子,不能太寒酸的心理,成功地激将了领导换到了新电脑。

主管听到约翰逊说到:"你是主管,你应该有足够的权利"时,感觉到如果自己办不成,岂不是让自己的权利和地位遭到了质疑。约翰逊利用主管的这种心理,成功激将主管达成了自己的心愿。

激将法就是利用好别人的心理,让对方作出对你有利的反应,从而达成自己的目的。

不会用激将法,直来直去地说,很多时候都达不到自己想要的效果。如果部门经理在明知会被拒绝的情况下仍向领导申请新电脑,不但申请不来,也许还会被领导认为是事多。如果约翰逊直接央求主管,主管一定会拿出制度和规范的套话来应付约翰逊。人生的路,这样直来直去的走,总是会碰壁,总是会遇到挫折,那就不妨拐个弯,激将一下,说不定,就破了眼前的坚冰。

出谋划策

激将法用好了,说服别人不困难。但是,激将法的运用也有规则,不是何时都适用。

一、巧言激将时,切莫伤害人自尊心,掌握好分寸

大多数的激将法,往往是利用了对方的自尊心。比如,领导对下属说:"我觉得这个任务目标对你来说有点高,虽然你的能力不错,但以你现在的资历,基本上完不成。"如果是遇到干劲十足的下属,心里就会默默想:我一定要完成目标,让你看看我的实力。当然,下属也想借此机会来表现自己。这是在领导保护了下属自尊心下的激将

法，合情合理，运用得当。但如果领导这样说："就凭你？你现在翅膀都没硬，就想飞？资历老一些的前辈都难以达成，你就别做梦了，肯定完不成这个任务目标。"这样的激将，深深伤人自尊，非但起不到激将的作用，还会让人怀恨在心。所以，激将要掌握好分寸，褒贬结合，刺激人的自尊心的同时，切莫伤害人的自尊心。

二、找准对方要害，才能使激将派上用场

每个人都有要害之处，只有找准对方的要害，从要害处作为切入口进行激将，才能达到目的。比如，在商场中，面对一个穿着讲究，却因衣服价格而犹豫不决地女顾客时，柜员若说："这衣服因为面料好设计好，确实价位略高，要不您再看看那边几件？设计和面料也不错，价位没这么高。"女人一听柜员这样说，大概一横心就买下了衣服。所以，看出对方犹疑的点，再找准要害，激将就不难。

以子之矛攻子之盾，用对方的观点说服对方

 开篇叙话

尼克松说："如果让我重进大学，我将修好两门课：演讲和说服。"简而言之，演讲和说服在成功的事业当中，占据着十分重要的角色。

演讲需要各种技巧，从面目表情到声音语调，都要精准到位才能成功。而说服同样需要技巧，如何能不着痕迹轻而易举的说服别人，永远是一个技术活。其中有一个技巧就是，以子之矛攻子之盾，也就是巧妙地用对方的观点说服对方。

"以子之矛攻子之盾"这一方法有许多优点。一方面是可以让对方能够心服口服的做出有利于自己的决定,另一方面也可以让对方认为自己并不亏,并且赚了。这种说服的意义,就是得到双方的认可。

情景再现

故事一:

卡耐基每年的每一个季度,都会在纽约讲授社交训练课程。卡耐基固定租用纽约一个大旅馆的大礼堂作为授课场所,为期大约20天。这一传统,已经持续了好多年。

然而有一次,他刚准备前赴旅馆授课时,就收到了旅馆方面发来的通知。旅馆的老板告诉卡耐基,礼堂的租金有所变化,比之前的租金贵了3倍。

卡耐基为授课已经做好了所有准备,入场券早已发出,绝不可能临时取消。于是,卡耐基决定前往旅馆和经理交涉。

"我接到了租金涨价的通知,我很吃惊。但这也并不奇怪,如果我在你的位置上,为了多多盈利,我大概也会这样做。"卡耐基有条不紊地说。"但我们来算一下,这样做你们究竟会不会有更多的盈利。"经理点点头。

"假如,你们的礼堂租给了别人,用来办舞会、晚会,那一定会比租给用来授课的获利多。因为这样的活动时间不长,他们能够一次性付很高的租金。比租给我,盈利要多。"卡耐基说。

"你现在租金涨了3倍,我肯定是要再找别家旅馆了。你这样相当于是把我赶走了。但你想想,我所举办的培训班,吸引来的都是中上层的管理人员。即便你花高价在报纸上登广告,也未必能邀请来这么多有头有脸的人物吧。但我的培训班能够为你吸引来。这难道不更吸引你们吗？"

卡耐基说完之后，给经理考虑时间，再让经理给出答复。当然，最后的结果是旅馆方面让了步，卡耐基的租金并未涨一分钱。

故事二：

俄国十月革命胜利之后，人们对沙皇统治的仇恨已达到噬骨的程度。于是，他们要求将沙皇住过的宫殿烧毁。

无论怎样做思想工作，这些人的心里对沙皇的仇恨丝毫不减，坚决烧毁沙皇住过的宫殿。最后，列宁亲自出面做思想工作。

列宁首先说："烧宫殿可以，但在烧之前，可不可以让我说几句？"

人们说："可以。"

列宁："问问大家，沙皇的宫殿，是谁建造的呢？"

人们："是我们建造的。"

列宁："那现在，我们造的房子，不让沙皇住了，我们自己住好不好呢？"

人们异口同声回答："好。"

列宁再反问："那房子还要烧掉吗？"

就这样，宫殿保住了，没有成为仇恨的牺牲品。

义理解析

卡耐基站在对方的利益分析利弊，让旅馆方面一下子明白了孰轻孰重，哪一点才是有利于旅馆发展的一面。从长远来看，当然是人脉的发展重于一时的利益。

列宁站在人民的角度和立场，让人民知道，那即便是沙皇住过的房子，但却是自己的劳动果实，烧毁的也是自己心血。这样一想，很容易就让人民将仇恨和自己的劳动成果分开来看，放弃烧毁宫殿。

人生中，职场中，我们时刻要做好与人"谈判"的准备，为自己的利益，为达成一个目标，为完成一项任务。学会用对方的观点来说服对方，相当于学会一项生存技能。如果总是在自己的立场上，强调自己的观点与利益，很容易给人以自私自利的感觉，一旦将"谈判"谈崩，更别提说服对方了。

"以子之矛攻子之盾"易打破对方的心理防线，让对方觉得自己确实在设身处地为自己着想。说服的观点，因为是自己固有的观点，所以也很容易就接受。

出谋划策

以子之矛攻子之盾，说起来容易，做起来难，需要把握住技巧，才能在交谈中步步为营。

一、体现出诚意，并尊重对方

虽然是在用对方的观点来说服对方，但一定要表现出自己的一片诚信，并让对方感受到你对他意见的足够尊重。如果直接将对方的观点作为靶子，开炮并轰击，不但无法利用以子之矛攻了之盾，还容易激怒对方，使对方产生敌对心理，与你针锋相对。所以，首先将诚意和尊重做成蜜糖，涂抹在矛头上，再向对方"攻击"。

二、将每一句话都设定在对方的立场上

因为是用对方的观点来说服对方，所以要时刻注意到立场的问题。巧妙地运用这个技巧，你会发现，有的时候在正常谈话当中，你没有说一个"我"字，没有说一点关于己方利益的事，全部是在分析对方，用对方的观点，对方的利益，来圆满对方，让对方切身感受到你是在将心比心，以对方利益为出发点在进行谈判。这样一来，自己在悄然之中就达成了自己的心愿。

说些软话,方能得偿所愿

开篇叙话

中国成语词典里,有很多表达以"软"治"硬"的成语。比如,以柔克刚,用柔软去克制刚强的;水滴石穿,柔弱的水滴能把坚硬的石头滴穿。其实我们说话也是一样,要想达到我们的目的,不妨用一些柔软的语言。

柔软的话可以像春风,温煦人心;可以像甘露,滋润心田。当别人的心舒服了,态度自然也就软了下来。在赢得对方好感的前提下再提出要求,胜算就会很高。

尤其在职场当中,我们所走的每一步,都离不开"人"。与同事合作完成项目,同客户签订互利互惠的合同,同领导协商自己的薪水和假期,同下属一起完成下一季度的目标。当你有所求,你站在求人的角度上,说话若是用强硬的语气和态度,如果事情还能顺利进展,要么你腰缠万贯,要么你不准备要这份工作了。所以,有所愿,话不妨以软着说。

情景再现

芝加哥大学第一任校长威廉哈伯,是一个很传奇的人。他一生致力于大学的改革和发展。有一次,哈伯需要100万美元来建一座楼,所以需要筹集这个款项。于是,哈伯手中拿着一份芝加哥百万富翁的名单,研究起他可以找谁募集这笔钱比较合适。

哈伯在名单上瞄准了两个人。这两个人都是百万级别的富豪，但由于两个人是对手的关系，所以双方关系极其糟糕。

哈伯找到了其中一个，芝加哥市区电车公司的总裁。哈伯见到电车公司的总裁便说："我叫哈伯，是芝加哥大学的校长。请原谅我擅自闯了进来，这是因为我多次听说过你，也听说过你的电车公司。"

"我听说你的电车公司有一套很好的电车系统，也很赚钱。但我总在想一个问题，我们每个人都不得不去另外一个世界。当我们离开了这个世界，其他人会接管你的金钱。人们可从来都不记得钱的主人的名字。但是，我想给你提供一个被人记住的方法，能够让你的名字被载入史册而不朽。"

"你可以在芝加哥大学里建造一座以你的名字为名的建筑。我一直都想把这个机会留给你，但最近学校的董事会却频繁推荐另外一个人，就是某某公司的老板。但我个人来说，还是更钦佩你，也更倾向于把这个机会留给你。如果你有意愿，我愿意为你去说服董事会的人，改变他们的推荐人。"哈伯所说的董事会的推荐人，正是电车公司总裁的对头。

没有给电车公司总裁说话的机会，哈伯便离开了。果然如哈伯所料，没过几天，电车公司总裁便给哈伯打电话，商量着在芝加哥大学里盖建筑的事了。

义理解析

如果哈伯一见到总裁的面，就对总裁说："芝加哥大学需要一座新的建筑物，需要筹集100万美元的资金，还希望你可以伸出援手，帮忙一下。"总裁一定会想，我虽然有钱，但为什么要给你盖楼呢？直来直去，是无法吸引起总裁的兴趣的。

当哈伯换了一个说法，说了软话，尤其是十分有利于总裁的话，让总裁深以为是这样的道理，自然而然地主动去应了哈伯的要求和心愿。

人生中，说话太直太硬，吃亏的是自己，而又无法达到我们的目标。毕竟，我们有求于人，而大多数人都吃软不吃硬。说话太直和太硬，相当于把想说的话披上了荆棘，不仅扎到了对方，对方也许会用荆棘回馈给你。失败也是必然。

说软话，并不等于谄媚，也不等于讨好，只是把自己的要求裹上蜜糖，更入味，更入心，说出来让人感觉舒服和甜蜜，也更能容易被接受。

出谋划策

一、从对方的好处来说服，先满足一下别人

每个人都有趋利避害的本能，我们都知道这个道理。既然你有求于别人，不妨说点软话，给对方点甜头，让对方觉得自己答应你的请求，是在自身的能力范围之内，而且又能得到点相应的利益，何乐而不为。比如，想让朋友帮忙推销产品的时候，不妨在说点软话的同时，给对方点样品用来尝试，估计谁都不会拒绝。

二、怀有一颗体谅的心，体谅对方的处境

所谓说软话，说好话，就是利用好对方的处境，站在对方的角度上，说对方喜欢听的话。比如，遇到一位带宝宝的妈妈，你就要说："当妈不容易，简直没有比当妈更辛苦的职业了。"这样说一定会深得人心。如果遇到一个刚进入社会刚入职场的年轻人，你就要说："年轻人辛苦啊，责任比较重，承担得也多。"这样说，就会让人觉得被深刻理解。

三、装装"可怜"，也许对方需要

有时候，适当地装"可怜"、说软话，会迎合对方的需要。比如

面对事业十分成功却是白手起家的老总,你对他说:"我特别崇拜您,一直以您做榜样,只要有您的一半成功,哪怕十分之一成功,我也心满意足。我现在贫穷得一无所有,但我有一腔热血,我有理想抱负……"这样说的话,会满足对方,自己的成功被肯定,被羡慕,被学习,被效仿,即满足了对方一种自己形象十分高大的心理。这时开口提需求,对方也会给予考虑,便于达成自己的目的。

经典箴言

1. 说服当中,少一些批评,多给他人一些建议;少一些勉强,多让他人自觉自愿。如保罗所说:"在与人交流中讲感情比讲理性更能成功。"也如小说家约瑟夫所说"给我合适的字眼,合适的口气,我可以把地球推动。"

2. 在说服别人的过程中,如果想要拉近与游说对象的关系,使其总是想到自己,就需要游说者用道德、人际关系或财货等手段与游说对象联系在一起。也就是说,在说服别人的时候,要充分掌握被游说者的想法,不在没有把握时草率行动。等到完全掌握了情况以后,就控制住对方,这样才能把握主动,才可以进退自如。

第十八章

识高则量大，用宽慰的言辞化解危机

美斯特恩说："只有勇敢的人才懂得如何宽容；懦夫绝不会宽容，这不是他的本性。"也有人说："宽容与刻薄相比，我选择宽容。因为宽容失去的只是过去，刻薄失去的却是将来。"除此之外，面对别人的失误或者不友善，宽慰的言辞还能够助我们在人际关系中获得好的人缘，善结良友，广泛拓展人脉，更能够化解矛盾和危机。

人前不失言，就是在给自己留有余地

开篇叙话

古人云："舌为利害本，口是祸福门"。这句话的意思是说，言谈能促进事业成功、生活如意，也能伤害别人，招来灾祸。一句真诚的赞美，就如阳光一般，使人全身温暖；而一句伤害对方的话，往往会令别人的自尊受创，甚至很难痊愈。

人离不开社会，有社会就会有交际，有交际就需要说话，我们只有慢慢斟酌，慢慢学会游刃有余地说话，才能处理好各种人际关系，为人生增添些许惬意。我们只有做到人前不失言，才能给自己留有余地。

在职场中更是如此，一个企业的高管人员不仅仅需要过硬的专业能力，更需要会说话，来调动起下属的积极性。而有些员工，虽然专业能力过硬，但是经常不会说话，因此也错失了很多的机会。

情景再现

故事一：

小丽接到了一家知名高薪企业的面试通知，这让小丽既高兴又紧张。因为小丽从来没有面试的经验，她在图书馆里泡了好几个晚上，啃《面试轻松过关》《面试宝典》之类的书，看得头昏脑涨。真正面试的那一天终于来到了。几位考官向小丽介绍了公司运营方面的具体情况，也聊了聊小丽的专业和对公司的想法，交谈甚欢，小丽觉得这次面试应该是十拿九稳了。可是就在这时，坐在正中央的主考官突然问了小丽一个意想不到的问题："你的简历上写着会跳舞，你会跳哪种舞呢？"小丽立刻懵了。小时候小丽的确学过一点舞蹈，后来就没再进行过舞蹈训练。要是说实话，多丢面子啊。于是小丽就扯个谎说会跳新疆舞，说完之后就觉得脸有些发热。谁知考官要求小丽随便摆个姿势看看。小丽窘极了，从头到脚都无所适从，只好站起来原地转了个圈。好不容易面试结束，考官们走出会议室讨论了一下，把小丽叫了出去，说："我现在正在学新疆舞，你的新疆舞跳得还不行，还需要加强锻炼，关于面试的结果，先回去等通知吧。"听到这句话，小丽意识到，她错失了这个机会，面试官是在委婉的告诉小丽。

故事二：

曹操请工匠建造花园。在开工前，工匠们把花园的设计草图交给曹操进行审阅。曹操看了之后，只是在设计草图中的园门上写下一个"活"字。工匠们百思不得其解，便向杨修请教。杨修看完曹操在设计草图上写下的"活"字，立马就心领神会，叫工匠们把园门的设计改得小一点。工匠们按照杨修的意见进行了修改，并把修改后的设计草图再次交给了曹操。曹操看后心里异常高兴，并问工匠是如何得知他的心意的。工匠说多亏了杨主簿的指点，曹操听后虽口头对杨修进行了称赞，但在心里却开始嫉恨起杨修的才华。

曹操平汉中时，接连败仗，这时曹操已知进不能胜，但又恐退遭受蜀兵耻笑。正在衡量之时，庖官进鸡汤，曹操看见碗中的鸡肋，沉思不语。这时有人请示夜间口令，曹操随口答道："鸡肋"。随后杨修便传令鸡肋，并与此同时让随行军士收拾行装，准备归程。这时的杨修已经知曹操心中所想，鸡肋者，食之无肉，弃之有味。今进不能胜,退恐人笑,在此无益,不如早归。之后随行军士收拾行装,准备归程这件事被曹操所知。曹操嫉恨杨修已久,便借由这件事,给杨修扣下一个扰乱军心的罪证,杀死了杨修。

义理解析 明代文学家、思想家、戏曲家冯梦龙说:"真人面前不说假话"。有时候我们想让自己看起来更优秀,这是好事,但却不能信口开河,不会的就是不会,这样更会让人觉得你真诚可信。

小丽在之前和面试官们的交谈甚欢,当面试官们问到小丽关于新疆舞的问题时,小丽选择了说谎,没想到却被正在学习新疆舞的面试官要求现场表演一段,结果自然就露出了马脚。最终结果可想而知,任何一个企业都不会去招聘一个喜爱撒谎的员工。归根结底,还是小丽在面试官面前失言,从而失去了这一份工作的机会。

梁元帝说:"言行在于美,不在于多。"意思是指说话要恰到好处,并不是说得越多就越好。

杨修可以通过一些蛛丝马迹,摸透曹操的心思,那么自然也应该知道曹操早已对其心生嫉恨。但是这一事实却没有引起杨修的足够重视,真不知是该夸杨修聪明好,还是过于聪明,认为能够应对曹操对其的嫉恨。但最终却反而弄个聪明反被聪明误的下场,被曹操以这样的一个借口给杀死,真是祸从口出。

说话是一门艺术,并不是想当然地想说就可以说。

出谋划策

谷梁赤在《春秋谷梁传·僖公二十二年》写道:"人之所以为人者,言也。人而不能言,何以为人。"但是笔者认为,人不仅仅需要言,更需要会言,这样才能与人更好地进行交流。

一、说话不要自我夸大，一旦被发现难以收场

有时候我们为了更好的表现自己，会对自己的能力进行夸大，不切实际，有时会取得一定的效果，但是长期是不现实的。总有一天会被别人发现，到时反倒落得一个自负、爱撒谎的"头衔"在身上，这就得不偿失了。《三国志·蜀书·马良传》一文中写道："言过其实，不可大用。"说的就是这个道理，因此在与人交流的过程中，我们要做到一是一，二是二，不可过分包装自己，这样才会让别人对你产生信任。

二、处世戒多言，管好嘴巴才有更多的行事空间

明末清初理学家、教育家朱柏庐说："处世戒多言，言多必失。"在为人处世这一块，说话不可过多，话说多了必定会有失误。事实上确实如此，上司下达指令时，我们只需要执行说句"YES"，即可表现出自身执行力强的一面。在与人交流的过程中，我们更需要学会聆听别人，而不是一味地让别人聆听我们说话，这样才能发现另外一个世界。因此，恰当好处地选择闭上自己的嘴巴，有时往往会给我们带来意想不到的收获。

谅解对方的失误，既不输面子又不输和气

开篇叙话

每个人的一生都曾有过失误，失误是人们生活当中不可避免的组成部分之一，雨果在《悲惨世界》里写道："尽可能少犯错误，这是人的准则；不犯错误，那是天使的梦想。尘世上的一切都是免不了错

误的，错误犹如一种地心吸力。"

失误是错误的子集，对待别人的失误，我们需要学会去谅解。

对于失误，往往是因各种原因而导致其产生的，这时候我们不应该抓住对方的失误不放，而是要学会谅解。

在职场中，员工可能因为各种原因而有所失误，例如由于熬夜加班；感情上遭受了挫折；感冒发烧等。作为上司，不应该对员工指手画脚，抓住工作中的失误不放，更应该的是谅解员工的失误，给予员工理解和慰藉。这并不会让上司丢面子，丧失威信，只会让员工对上司的行为心怀感激。

情景再现

故事一：

孙权当上吴王后，大摆酒宴。当酒宴快要结束时，孙权亲自给大臣们一一敬酒，当给骑都尉虞翻敬酒时，虞翻假装喝醉。最后被孙权发现，孙权立马拿起利剑，就要杀了虞翻。大司农刘基上前制止了孙权。并对孙权说："大王在喝酒之后，杀掉有贤能的人，是非常不明智的行为。天下有才之人之所以会跟随大王，就是因为大王能够容纳贤士，如今却要杀了贤士，只会让天下贤士离大王而去。"孙权反唇相讥道："曹操尚且杀了孔融，我为何不可杀虞翻？"刘基说："之所以曹操能够轻易对贤士下手，才导致天下人都反对他，而大王实行仁义，万万不可与曹操相提并论。"孙权听了刘基的一番话后，怒气慢慢消退，虞翻也因此避免死罪。酒后，孙权对手下人说："从今往后，我酒后说要杀人，你们都不要去杀。"

故事二：

杨秀玲是娃哈哈现任市场部长。当初，在杨秀玲刚刚到公司工作时，宗庆后让杨秀玲独自拟一份拓展市场的意见报告。这是杨秀玲第一次完成这样的任务，兴奋和紧张交织在一起。

经过一周的加班加点，杨秀玲终于赶出了这份报告。报告交给宗庆后之后，宗庆后十分满意，还夸赞杨秀玲很能干。

杨秀玲回到办公室，去感谢这一星期来帮助她关切她的一位老同事。这位老同事在杨秀玲作报告时，给了很多建设性意见和指导。

当杨秀玲表示想请同事吃饭表示感谢时，同事才告诉她，是宗庆后怕直接修改会打击杨秀玲的积极性，事先告诉那个同事哪些地方需要完善，以此来指导和提点杨秀玲。

杨秀玲不禁心生敬意，十分感激宗庆后。多年来，即使在企业发展最困难时期，她宁愿义务打工也要留在公司。

义理解析

人非圣贤，孰能无过。即使是当上吴王的孙权也会犯下一些低级失误。当孙权打算在酒桌上杀死骑都尉虞翻时，大司农刘基上前制止了孙权，并通过说理的方式来让孙权改变想法。如果大司农刘基不对孙权的失误进行谅解，不通过说理的方式来改变孙权的想法，只会让事态进一步恶化，最终杀死骑都尉虞翻时，孙权的贤明君主的形象也会荡然无存，人心涣散。

通过对别人的失误进行谅解，我们可以发现很多之前我们没有看到的问题。年轻人经验不足，工作上会犯错是很正常的事。教导之后的悟性和改正才是最重要的。宗庆后的做法，既保全了杨秀玲的面子和工作积极性，又收揽了员工的人心和忠诚。原谅他人，不仅仅是给别人机会，更是给自己拓宽了一条道路。

出谋划策

马克·吐温在《傻瓜威尔逊》里写道："习惯是很难打破的，谁也不能把它从窗户里抛出去，只能一步一步地哄着它从楼梯上走下来。"对于失误也是一样,我们更应该给予谅解,而不是一味的抓住对方的失误不放,给予指责。当然谅解别人的失误也是有方法可循的。

一、保持冷静,了解对方的失误是如何发生的

当别人犯了错误后,我们需要保持冷静,不被怒火所控制情感。事情已经发生了,任何不理智的行为都不能让失误变成没有发生一样。通过与对方进行交流,了解其失误产生的原因,才能更好地找到解决方法,帮助对方下次不再犯同样的错误。

二、给予理解与慰藉

抓住别人的失误不放,只会让我们与别人心灵上的距离进一步疏远;甚至,当我们也发生了失误,别人也会有样学样,同样对我们的失误抓住不放,一味的指责,想必谁心里都不会好受。若我们对别人所犯下的失误进行理解与慰藉,帮助别人分担,往往会取得事半功倍的效果。

面对别人的奚落,不争当下一口气只争以后的人气

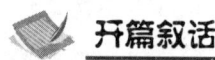 开篇叙话

人生犹如一首歌,音调高低起伏,旋律抑扬顿挫;人生仿佛一本书,写满了酸甜苦辣,记录着喜怒哀乐;人生就像一局棋,布满了危险,也撒遍了机遇;人生恰似一条路,有山重水复的坎坷,也有柳暗花明的坦途;人生如同一条河,有时九曲回肠,有时一泻千里。

苏轼在《定风波》里说过："莫听穿林打叶声，何妨吟啸且徐兴。"人生并不全是晴天，也有阴云密布的时候。在这时，苏轼并不惧怕大雨，而是在大雨中任我行，这种潇洒旷达的胸怀，在官吏勾结、人品缺失的年代，他懂得保持自我，管理情绪，从而赢得生前身后名，名声千古流传。

因此，学会忍耐，默默发力，能让世人看到你辉煌的身影，也能为自己赢得尊严。

情景再现

故事一：

一个23岁的年轻人大学毕业后被分配到一个海上石油钻井平台工作。在登上海上钻井平台的第一天，平台经理要求他在限定的时间内登上几十米高的钻井架，把一个包装好的漂亮盒子拿给在井架顶层工作的主任技师。

这位年轻人抱着盒子，快步攀登上了狭窄的、通往井架顶层的舷梯，当他气喘吁吁、满头大汗地到达顶层，把盒子交给技师时，技师只在盒子上面签下自己的名字，又让他送下去。于是，他又原路返回，把盒子交给经理，而经理也是同样在盒子上面签下自己的名字，让他再次送还技师。

年轻人看了看经理，不知就里，犹豫了片刻，又转身登上舷梯。当他第二次登上井架的顶层时，已经浑身是汗，两条腿抖得厉害。技师和上次一样，只是在盒子上签下名字，又让他把盒子送下去。年轻人擦了擦脸上的汗水，转身走下舷梯，把盒子送下来，可是，经理还是在签完字以后让他再送上去。

年轻人终于开始感到愤怒了。他尽力忍着不发作，擦了擦满脸的汗水，抬头看着那已经爬上爬下了数次的舷梯，抱起盒子，步履艰难地往上爬。当他上到顶层时，浑身上下都被汗水浸透了，汗水顺着脸颊往下淌。他第三次把盒子递给技师，技师看着他面无表情、慢条斯理地说："把盒子打开"。

年轻人撕开盒子外面的包装纸，打开盒子。里面是两个玻璃罐：一罐是咖啡，另一罐是咖啡伴侣。年轻人终于无法克制心头的怒火，把愤怒的目光射向技师。技师又对他说："把咖啡冲上。"此时，年轻人再也忍不住了，"啪"地一声把盒子扔在地上，说："我不干了。"说完，他看看扔倒在地上的盒子，感到心里痛快了许多，刚才的愤怒一下子发泄了出来。

这时，技师站起身来，直视他说："你可以走了。不过，看在你上来三次的份上我可以告诉你，刚才让你做的这些叫作'承受极限训练'，因为我们在海上钻井作业，随时会遇到各种危险，这就要求我们有极强的承受力，承受各种危险的考验，只有这样才能成功地完成海上作业任务。很可惜，前面三次你都通过了，只差这最后那么一点点，你没有喝到你冲的甜咖啡，现在，你可以走人了。"

故事二：

因渑池之会蔺相如立下大功，赵王任命他做上卿，职位在廉颇之上。

廉颇说："我当赵国的大将，有攻城野战的大功劳，可是蔺相如只凭着言词立下功劳，如今职位却比我高。况且蔺相如出身卑贱，我感到羞耻，不能忍受（自己的职位）在他之下的屈辱！"扬言说："我碰见蔺相如，一定要羞辱他。"蔺相如听说这话后，不肯和廉颇见面。蔺相如每到上朝时，常说有病，不愿和廉颇争高低。过了些日子，蔺相如出门，远远望见廉颇，就叫自己的车子绕道躲开。

于是他的门下客人都对蔺相如说："我们所以离开家人前来投靠您，就是因为爱慕您的崇高品德啊。现在您和廉颇将军职位一样高，廉将军在外面讲您的坏话,您却害怕而躲避他,恐惧得那么厉害。连一个平常人也觉得羞愧,何况您还身为将相呢!我们实在不中用,请让我们告辞回家吧!"蔺相如坚决挽留他们,说:"你们看廉将军和秦王哪个厉害?"回答说:"自然不如秦王。"蔺相如说:"像秦王那样威风,而我还敢在秦国的朝廷上叱责他,羞辱他的群臣。我虽然无能,难道单怕一个廉将军吗?但我考虑到这样的问题,强大的秦国之所以不敢发兵攻打我们赵国,只是因为有我们两人在。现在两虎相斗,势必有一个要伤亡。我之所以这样做,是因为先顾国家的安危,而后考虑个人的恩怨啊。"

廉颇听到了这些话,便解衣赤背,背上荆条,由宾客引着到蔺相如府上谢罪,说:"我这鄙贱的人,不晓得将军宽厚到这个地步啊!"

两人终于和好,成为誓同生死的朋友。

义理解析

故事一中的年轻人不懂得在职场上忍耐,他只知道解当时之气,但他有没有想过自己以后的职业生涯。他万万没想到自己正在接受耐心考验,他没有沉住气,因此并没有获得这份工作。很难想象他在以后的职业生涯中一帆风顺的样子,因为毕竟,在面对别人的奚落前,自己沉住气,学会耐心一点,隐忍一点,才能在奚落你的人面前真正地赢回尊严,赢回人气。

廉颇蔺相如的故事想必大家耳熟能详,蔺相如在面对廉颇的恶语中伤时,表现出的那种大气、隐忍是很多人都做不到的。也正是因为如此,蔺相如才能改变廉颇对他的看法,敬畏之情油然而生,从而齐心协力辅助赵国,让赵国兵强马壮,精兵数千。

世间万物的美丽,是在痛苦和泪水中孕育,在忍耐的土壤里生根,在等待中发芽,在坚守的季节开花,忍受无数次量变的痛苦,才能升华到质变的美丽。每个人的人生都是一朵待雕刻的花,忍耐,就是那把雕刻之刀。承受常人难以忍受的考验，忍耐过了孤独、无助、挫折、打击与痛楚，生命之花才得以绚丽开放。

> 出谋划策

一、提高忍耐力，使自己迈向成功

工作需要忍耐，交往需要忍耐，升职需要忍耐。职场中首先要学会的就是一个"忍"字，职场道路就是"忍"字当头，化悲愤为力量，化阻力为动力。在困难中看清自己，在忍耐中不断前进。

二、学会控制自己的欲望，健康管理情绪

古罗马有位皇帝奥勒留曾在《沉思录》中指出："在有生的存在里，最优越的乃是那些有理性的存在。"一个人能在理性管理自己的过程中获得乐趣、建立自信、强大内心，而理性管理自己，还可以让别人对自己有一个稳定的预期。在职场上，与上级和同事之间建立这种稳定的预期和信任对双方都十分有益，既有利于人与人之间的和谐，也有利于工作的开展。

自嘲不是自我否定，而是大智若愚的表现

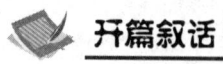 开篇叙话

周国平谈天才时说："自嘲使自嘲者居于自己之上，从而也居于自己的敌手之上，占据了一个优势的地位。自嘲使敌手的一切可能的

嘲笑丧失了杀伤力。傻瓜从不自嘲。聪明人嘲笑自己的失误。天才不仅嘲笑自己的失误，而且嘲笑自己的成功。看不出人间一切成功的可笑的人，终究还是站得不够高。"

生活中，总是会有人自嘲，在他人不解的目光下将自己贬低。表面上损失了，实际上是包含着一种对生活的巧妙理解和超脱的态度。

好面子、爱讲究的人，如果能将自嘲的艺术应用到生活中，例如在尴尬时用幽默无形化解，在冷场时机智发言。使自己身在生活而高于生活，通过对生活的巧妙审判，从而达到更上一层楼的效果。

情景再现

故事一：

从任美国第一夫人开始，希拉里的衣品就成了媒体狂轰滥炸的焦点。总是在不合适的场合穿不合适的套装，走干练路线又被批呆板以及过于硬朗。背负"像女招待"、"总是弄不清自己的性别"等骂名。

曾经的她访问过吉尔吉斯斯坦，参与访谈的过程中，主持人问她："您最喜欢哪位设计师？"她用尖锐的声音反问："你会问男人这个问题吗？"采访放到网上，引发轩然大波。虽然事后主持人承认自己的问题有点蠢，但仍然有人质疑希拉里反应过激，进而引发关于她不顾国家形象、发型土气等的批判性言论。

然而，几年过去，她却坦然地接受了这些质疑，并自称是"长裤套装狂人"：已经宣布参与2016大选的希拉里，最近出品了一款印有极具她个人特色的裤装休闲体恤，并贴心的将项链和胸针都印了上去。给了鼓吹女权时尚力量的人有力的回复。

故事二：

林清玄本人其貌不扬，身材矮小又略带秃顶，然而却享有"宝岛才子"的盛名。一次林清玄应邀在某大学做演讲，当他出场时，全场一片哗然。有一个女生不禁失望地说道:"林清玄怎么长这样啊!"又有一名男生说"他怎么头发那么少!"一次出丑还不够,由于身材矮小的缘故,他坐在凳子上头就露不出桌子,又引发了哄然大笑。

面对这样尴尬的局面,他没有退缩和懊恼,而是勇敢的"为了大家能够近距离观赏到他英俊帅气的容貌"而走下台去,直言不讳地说:"我要告诉你们,如果一个人从17岁就开始从事文学创作,到现在已经写了将近40年的话,那他长得便是这副模样。"接着,他又说道:"我从来都认为,容貌丑陋的人才最有权利拥有自信和美丽的微笑,他在容貌上有缺陷,当然就应该在气质上胜出。上帝关闭了属于他的一扇门,就应该为他打开另一扇窗,这样才显得均衡和公平。如果人都因为身材矮小或容貌丑陋而自卑甚至自杀的话,那我早就没有机会站在这里、站在你们面前了!"

一屋子的学生都沉默了,不一会儿,大礼堂里传出了经久不息的掌声。

再后来,当他与他人分享这段以及更多段因为外貌而出丑的经历时,说:"在这个世界上,有的人就喜欢用头发来判断人。我希望各位不要用头发来判断人,要看到我头皮下的东西,不要只看我头上的表现。长成什么样子不重要,心是什么样子才重要。"

义理解析

希拉里用自嘲和面对代替了愤怒与逃避,化规避问题为解决问题。既然美国国民以至于全球网民都热衷于嘲笑她的不修边幅与差衣品,不妨直面嘲笑,用T恤打出自己的品牌,既为自己的大选造声势,赢得了超高人气,又为世界展现出现代美国女性宽容大气的风采,赢得了众多网民的爱戴,使他们在一边埋怨一边吐槽中爱上了这位"鹰派"国务卿。

林清玄在遇到尴尬场面时,内心想的并不是因为嘲笑而自卑,而是用一种超凡的态度包容了年轻学生的天真无邪，同时包含着对自己的自信和对外貌实为皮囊的透彻理解。正是这种超凡的自信，能够让他把容貌作为自嘲的题材，进而引渡到他对于世事的绝妙见解中。用精妙的语言和幽默的言论征服了在场的听众，使他们透过外貌看到了自己的内心，赢得了服帖的尊重。

生活中有无数个尴尬的事件需要我们来面对和处理，处理得好，会成就一段佳话；处理得不好，就会引发更大的灾祸。君可知希拉里若一味逃避问题，对于媒体都是一副酸冷的刻薄态度，不仅会失了媒体对她的尊重，舆论导向也会对她不利，从而大失民心。君可知林清玄若拂袖而去，对不知轻重的学生呵斥之——以他的地位，这样做未尝不可，但这样做了之后，一传十十传百，年轻一辈们对他的印象，就成了古怪顽固又丑陋的老头。先不论售书市场锐减的巨大经济损失，禅理的无人分享，实在是一种罪过。

自嘲是对内心的笃定信念。在职场中遇到难以化解的问题，不妨自嘲一下吧。

出谋划策

自嘲的艺术是对人生的深刻理解，是需要在历练中逐步养成的习惯。但是在实践上，我们可以一步一步的掌握这门艺术。

一、自嘲的前提，是拥有自知之明

聪明人能够做到自嘲，正是因为他们了解自己的缺陷，知道自己的不足。在被他人戳到痛处时能够以平常心来对待，先接受他人的指教和批评，进而能够脱离自我的狭隘观念，在高处审视自己的不足之处。所以，要想学会这门艺术，首先要学会与自己交流，在生活中留意自己的不足。

二、自嘲的过程，需要拥有开阔的胸襟

胸襟开阔的人，一般都比较幽默。幽默的一条准则就是：宁拿自己开涮，切忌拿别人祭酒。如人所言，自嘲是自知、自娱和自信的表现，是一种高级幽默，也是一种得体的修养。幽默未必彬彬有礼，但当你能够以包容之心面对批评或诋毁时，无形之中就树立了美好形象的丰碑。

经典箴言

1. 松下幸之助说："以温柔、宽厚之心待人，让彼此都能开朗愉快地生活，或许才是最重要的事吧。"他还说："不论彼此有何不同，你我都各有长处与缺点。如果我们能坦然地不断活用这些长处与缺点，即可提升生活水准，不必去批评责难，也不必互相排斥，更不用怀疑别人是否出了什么毛病。这才是使人类真正进步的原因，而真正能做到此境界者，才是真正的君子。因思想不同而顿起勃谿的行为，与前者有多么大的差距呀，人类的生命是无限的，未来也是无限的，我们必须寻求互相进步之道。"

2. 宽容是一门学问，这门学问是内心"慈悲喜舍、善良仁爱"的自然流露；宽容是一门艺术，它不是召之即来挥之即去的奴仆。它是人性至善至美的沉淀！宽容是一种美德，它是人修身养性的一本"真经"；宽容是一种境界，它是香兰被人踩倒却留香脚底的气质！

3. 宽容别人的过失，是人生最大的财富。万事都由因缘生，缘生缘灭、缘来缘去，人生本来就坎坷，岂能尽如人意？"水至清则无鱼，人至察则无徒"，世界上人物各异，好坏并存，我们为何不以一颗火热的包容之心，来体察它的另一面呢？宽容别人的过错，不是欣赏别人的过错，也不是成就别人去犯错、鼓励别人去犯错，而是允许别人的过错，让别人更好地改过，而不是对他的放纵。

第十九章

言谈幽默，生活从此不寂寞

有人说，幽默的重要性不亚于阳光、空气和水。在心理学中，幽默也是一种重要的防御机制。因为在有些场合，我们不可避免地会出现尴尬的场景或者压抑的气氛。这时候，幽默就会像一缕阳光，冲破乌云。我们还可以运用一些诙谐的手法，自我解脱，摆脱尴尬，从而与他人建立良好的人际关系。

幽默是生活中的调味剂

开篇叙话

人生苦短,每个人都会经历八苦:生、老、病、死、爱别离、怨长久、求不得、放不下,我们如同生活在一个五味瓶中。但是,在我们的成长中,更需要学会的事情是,冲淡这杯人生的苦茶。用什么做调味剂来冲茶呢?不妨就用我们幽默的语言。

林语堂曾说:"我很怀疑世人是否曾体验过幽默的重要性,或幽默对于改变我们整个文化生活的可能性——幽默在政治上,在学术上,在生活上的地位。它的机能与其说是物质上的,还不如说是化学上的。它改变了我们的思想和经验的根本组织。我们须默认它在民族生活上的重要。"

幽默这个生活的调味剂,可以让哭着的人破涕为笑;可以让尴尬的气氛有所缓解;可以消除人与人之间的芥蒂和隔阂;也可以让家庭更美满,朋友更贴心,职场更顺畅;更能体现出我们对生活的豁达态度。学会利用好这个调味剂,生活会变得更美好。

情景再现

大发明家爱迪生有一个著名的实验室,是世界上第一个工业研究实验室,仅在建筑上,就投入了二十三万八千美元。在这个实验室里,爱迪生倾注了毕生心血。实验室中各种器械工具和已研制发明的物件,价值二百万美元。然而,就是这样一个承载着伟大发明和研究的实验室,却在一个冬夜,被大火烧为灰烬,毁于一旦。

爱迪生24岁的儿子查尔斯发现实验室的大火时，为时已晚。查尔斯在熊熊大火中拼命搜寻父亲的身影。最后发现，父亲爱迪生矗立在大火面前，表情镇静。查尔斯为父亲感到万分心痛，已经76岁的爱迪生，正眼睁睁看着毕生的心血在眼前销毁。爱迪生看到儿子，乐呵呵地问儿子："你妈妈呢？让她来看看，她没见过这么大的火，她一辈子都不会见到这样壮观的景象了。"

第二天，爱迪生望着被烧毁的一片狼藉的实验室说："这场大火不算太坏，它烧光了我所有的错误，又可以重新开始啦！"

义理解析

我们不妨试想一下，若是不懂幽默，爱迪生接下来会怎样呢？年迈的身体经受不起沉重的打击，一蹶不振，病倒在床上，别说继续进行他的实验和研究，也许连基本的生活都变得艰难无比。人生就此颓败下去，直至走入坟墓。辛劳的一生，最终以悲剧告终。

但爱迪生用幽默化解了一切悲痛，不仅让家人宽了心，也为自己打足了气，向着新的方向努力行进。爱迪生的这种幽默，出自于真正豁达的内心。他一生有如此成就，大概也和他的达观和幽默不无关系。

帕金森·鲁斯特莫吉说过："你不能老是板着面孔与人相处。幽默感倒是最重要的，它会使你的工作变得更为容易，同时也会给你的职工的生活带来深受欢迎的阳光。"

人生的长度有限，苦有时，乐有时，都由自己的心境制造。若不懂幽默，不屑于幽默，那人生注定苦多于乐。不仅自己苦闷，周身也会形成一个苦闷的氛围，让人感到压抑，不乐于靠近。而幽默，却是最好的调味剂，能将这一切化解掉。

出谋划策

幽默是表达豁达态度的最佳方式，幽默也是稀释人生苦难的最佳调味剂。但并不是每一个人都能够成为幽默的人，不妨在幽默上花一点心思，让幽默有所价值。

一、幽默也需要动脑思考

英国著名作家莎士比亚曾说："幽默和风趣是智慧的闪现。"可见，幽默是需要智慧的。好多时候，我们发现幽默都有"一语惊人"的效果。一个简短的评价，带着诙谐的调调，让人捧腹而笑的同时，也表达了想法。有一人特爱吹牛，于是问旁人："我月薪三千，你说我买什么车好呢？"那人回答道："买一副象棋吧，有四个车呢。"幽默的人，用智慧应答如流，又不显对话沉闷无趣。

二、要心胸宽广，博览群书

幽默也有等级，有的人喜欢用粗俗的语言博大家一笑。这样笑过之后，不留一物只给人留下浅薄的印象，充当跳梁小丑的角色。真正的幽默且被人所尊重的人，都是心胸豁达而宽广，博览群书而多才的人。当你上知天文，下知地理，底蕴宽厚了，心胸自然就宽厚起来，心胸宽广之时，必是气定神闲，达观而风趣。

三、学会用幽默为自己解围和反击

拉布说："幽默是生活波涛中的救生圈。"有的时候，我们会被一些人用语言进行排挤，让我们心里十分不舒服。开口恶言反击会失了风度，若一言不发又被人当了靶子，下次仍免不了被当枪眼使。这时，我们不妨用幽默这个救生圈来为自己解围和反击。美国总统林肯就很擅长运用这招。林肯在一次演讲中收到纸条，纸条上只写着两字："笨蛋。"林肯十分镇静，拿着纸条说："我经常收到匿名信，都没有名字,只有内容。只有这个纸条例外,只写了名字,没有正文。"林肯巧妙的为自己解了围,也讽刺了写匿名信的人。

把握好开玩笑的尺度,避免不必要的摩擦

 开篇叙话

  幽默需有度,才能称之为幽默。这种度,表现为幽默的同时不以揭别人短为前提而伤害他人;不为求一时心头之快而信口开河搬弄是非、颠倒黑白;也不为专门表现出幽默而忘记了长幼尊卑,不分大小;更不能为了幽默而用语低俗给人以浅薄的印象。总之,幽默的度,就是表现在不被他人所厌恶,而真正能让人会心一笑的层面上。正如纪伯伦所言:"幽默感就是分寸感。"

  尤其是在职场——这个无风还起三尺浪的地方,更应该注意开玩笑的分寸。和老板开了不适宜的玩笑,很容易被请喝茶,也许还丢了饭碗;和异性同事乱开玩笑,很容易惹上是非,背后都是流言蜚语;和新来的不熟的同事开玩笑,容易被误会成是欺负新人,不友善;和年长的同事开玩笑,会被认为目无尊长,没有教养。这些不适宜的玩笑,容易引起摩擦,都会成为人们的印象评价,也会成为职场中的绊脚石。

  所以,把握好玩笑的尺度,再去做一个幽默的人。

情景再现

故事一:
  小李是一家采购公司的职员,平日和老板相处得很好,老板也很

信任小李。时间长了，两家人甚至在周末的时候，还聚聚餐什么的。

在公司的一次聚会上，小李和老板推杯换盏。大家都知道小李和老板关系好，平日对小李也是有半分老板的恭敬。微醺的小李为了调节气氛，开始调侃老板的趣事。

"那次在家喝多了，老板竟然抱着我家猫咪说，小丽呀！哈哈哈，我家猫咪吓坏了。"虽然大家都知道，小李只是在开玩笑，但却碍于老板的面子，没人敢接话和大笑。老板听到小李此言，脸一沉，不再做声。

此后老板渐渐疏远了小李，最后找了个机会，将小李"请"出了自己的公司。

故事二：

张林是个能干的小伙子，且性格开朗，爱说爱笑。愚人节这天，张林早就想好了整蛊妙招。针对不同的人，整蛊的方法都不尽相同。张林自己想着，就乐出了声。

小美和张林是同期进入公司的职员，因为一同经历过面试的风风雨雨，一同进入这家还算不错的公司，所以总有一种共患难的感觉，关系要格外好一些。

愚人节一大早，张林在楼梯拐角遇到送资料的小美，对小美小声说:"告诉你一件事,别告诉别人。"小美好奇的问:"什么事?"张林一看,小美这样就上钩了,心里禁不住暗喜。

"我被挖去别的公司了,我本来想拒绝掉,奈何对方提出的条件太好。唉,像我这种人才,是有点掩盖不住自己的光芒。"张林一边说一边露出遗憾的表情。小美自然很惊奇。张林很满意小美的反应,继续说:"咱俩关系还不错,我还挺舍不得你呢!"张林继续在抒情的时候,却发现小美表情有点儿不对劲。张林回头一看,领导就站在他们的身后,所有的话全部听进了耳里。张林连忙说:"愚人节,开玩笑,哈哈。"领导笑笑,没说什么。

过了不久,领导就找张林谈话,委婉的恭喜他找到新的工作,并交代了其他人交接张林的工作,并没有给张林解释的机会。张林哑巴吃黄莲,就这样失去了工作。

小李犯了职场大忌,那就是随便开老板的玩笑。老板就是老板,即使私下里可以和你称兄道弟,但人前老板要有威严。道理很简单,职场中,我们有各自的位置,位置不同,注定我们不能随便乱开玩笑,不分大小。若像小李这样,就算再换一份工作,几份工作,仍是乱开玩笑,那这一生在职场当中都只能是小兵,得不到发展。

张林像所有刚参加工作的愣头青一样,忘记了职场是一个隔墙有耳的地方,也忘记了无心之说容易引起他人的有心猜疑。职场不亚于一个名利场,这里面勾心斗角的利益、领导和下属之间的关系,说简单也简单,说复杂也十分复杂。

假若你是领导,听到下属被挖了墙角,即使下属强调是在开玩笑,可是心里仍是对下属的忠诚度产生了怀疑,心生隔阂。一旦被认为是有了外心的职工,还能够得到良好的发展吗?答案显然是否定的。

张林的一失口成千古恨，丢掉了一份来之不易的工作，也尝到了职场不可随便玩笑的苦头。这种和领导之间产生的摩擦，简直就是飞来横祸，而这横祸全因一张爱乱开玩笑的嘴。

职场重地，开玩笑需谨慎。轻则被人误会引起摩擦，重则影响升迁丢了饭碗，得不偿失。

出谋划策

幽默就像一把双刃剑，用好了，融洽关系，提升人缘，生活快乐；用不好，便会招人厌恶，产生误会，惹祸上身。避免开让人厌恶的玩笑，把握好玩笑的尺度，就能够避免很多不必要的摩擦。

一、玩笑话，不揭人短，不伤人心

开玩笑，最忌讳的就是拿别人的短处和伤心事来说笑。这样非但不会起到调节气氛愉悦人心的作用，反而让人觉得你的品行恶劣，语言恶毒。即便是你无心，也会让被伤害到的人深深铭记，人际关系出现裂痕，也不足为奇。就算是亲人朋友爱人，也不可拿人的短处来玩笑。尤其在职场中，更应注意。有人曾调侃道，职场是最开不起玩笑的地方。所以，在职场中的玩笑，一定要以尊重为前提。

二、永远别开上司的玩笑

职场中，我们需时刻记住的就是，别希冀于和上司推杯换盏推心置腹，觉得上司对待自己像对待朋友一样，就可以向和朋友开玩笑一样开上司的玩笑。即使关系很好很融洽，作为上司，需要威严和威信，而你的玩笑若无分寸，没有大小，很容易让上司没面子而得罪了上司。

三、开玩笑也要看准场合和对象

即使你有幽默感,也要确保你的幽默玩笑话能让人感觉到舒服。许多时候,许多对象,并不适宜开过多的玩笑。比如,职场当中,异性同事之间应保持一定的距离。有些男性经常在女同事面前说有颜色的笑话,并自以为幽默风趣,实则降低自己品格。还有面对严肃且不喜玩笑的人,你和他开玩笑,他也许认为你在嘲笑他,而在暗中产生不必要的矛盾和麻烦。最后,和不熟的人不应开过多的玩笑。刚刚相处,开过多的玩笑易给人造成油腔滑调不务正业的感觉,难以得到信任,印象分被拉低。所以,开玩笑也要掌握好火候和方向,看准场合和对象。

开怀一笑十年少

开篇叙话

俗语说:"一日三笑,人生难老。一日三恼,不老也老。"生活中,幽默带来的笑不仅能够愉悦心情,冲淡辛苦,更重要的是,幽默带来的笑,能给我们带来健康。也就是所谓的"笑口常开,青春永在。"

大师钱钟书说:"一个真有幽默的人别有会心,欣然独笑,冷然微笑,替沉闷的人生透一口气。"

为什么那么多人喜欢相声,就是大家在听相声的时候,可以开怀大笑,可以放松心情,可以减轻压力,可以暂时抛却所有的烦恼。人生需要这样的时刻。

有的人喜欢抱怨,喜欢愁眉苦脸,那他的生活在别人眼里就是充满坎坷与苦难；有的人笑口常开，总是无忧无虑，那他的生活在别人眼里就是多姿多彩、喜多忧少。我们都羡慕无忧无虑爱笑的人，其实不是他们的境况比我们好多少，烦恼少多少，而是他们拥有良好的心态。

情景再现

故事一：

有一个特别抠门的丈夫，一天买了一条鱼和一张电影票回家。妻子问他为何只买一张电影票。他开心地说："你在家做鱼，我一个人去看电影。看完回来正好吃你做的鱼，我边吃鱼边给你讲电影。这样既节省了电影票钱，又节省了做鱼的时间，一举两得。"妻子听了什么都没说。

晚上，丈夫看完电影回来后，发现餐桌上的鱼只剩下鱼头和鱼骨，十分生气。对妻子说："你怎么自己一个人把鱼吃完了？"

妻子慢悠悠地说："我替你吃完了，这样节省了你吃鱼的时间。"丈夫哑口无言。

故事二：

希腊著名哲学家苏格拉底的妻子是远近出了名的悍妇。有一天，苏格拉底从外面回来，妻子便开始喋喋不休地唠叨。见苏格拉底不吭声，妻子便把唠叨升级为谩骂，且声音越来越大，出口之言也越来越难听。

早已经习惯了的苏格拉底坐在一边抽起了烟。妻子一见苏格拉底不在意的样子，更加气愤。端起一盆水，浇在了苏格拉底的头上。苏格拉底瞬间成为落汤鸡，浑身湿透。

邻居看到了，调侃苏格拉底说："你老婆骂你，你怎么不还口啊？"苏格拉底说："我早就知道，雷霆之后必有大雨。"

义理解析

面对抠门的丈夫，若是一般的妻子早已经大动肝火了，大吵一架势在必行。以此为导火索，有可能引发两人互相指责。现实生活中，因为一点小事而离婚的也不少。可是这个智慧的妻子，用幽默化解了这一不愉快。并以其人之道还治其人之身，利用幽默给了丈夫教训。

面对悍妇的妻子，苏格拉底巧妙而幽默地避开了邻居的调侃，不仅维护了妻子，也维护了这个家的和平。若苏格拉底被妻子的谩骂激怒，那大概就不是一盆水能够让妻子息怒的了，家庭的破裂也危在旦夕。

有人一定会说，这样抠门的丈夫，我才不要。还有人说，这样的泼妇妻子，我才不娶。其实生活当中，我们虽是主角，但配角并不是时刻由我们自己选择。我们所能选择的是，和眼前的人过和谐的日子，将针锋相对化解成开怀一笑，何乐而不为。

那些因为口舌不相让，因为鸡毛蒜皮就将完整的家庭幸福的生活毁灭的人，大概就是缺少了那么一点幽默感，缺少了那么一些开怀一笑的语言。

出谋划策

当生活中没有那么多乐趣的时候，我们不妨自己去制造乐趣；当气氛紧张诡异的时候，我们不妨自己想办法去打破这种僵局；当和人相处的时候，与其从别人那里听取幽默而欢笑，我们不妨给予别人以欢笑。

一、别吝啬你的幽默，给予有时比接受更快乐

有的人，喜欢看别人幽默的表演，喜欢别人的风趣带给自己快乐。就像我们大多数人一样，喜欢和幽默的人在一起，气氛总是轻松愉快的。但其实，我们也可以做那个活跃气氛的幽默者，也可以把这

份快乐带给别人。你会发现,让别人捧腹大笑时,你的内心也充满了甜蜜与快乐。予人玫瑰,手有余香。何不做一个幽默的人,让大家都喜欢环绕在你的周围呢?

二、揣着善良的幽默出门,总不会出错

什么样是善良的幽默呢?如前面所说,不诋毁他人,不揭人伤疤,不暗藏讽刺,能够真正的逗人开怀一笑。善良的幽默,不仅仅是一种有智慧的表现,也是心怀宽广,善良大度的表现。是一种很吸引人的人格魅力。相信这样的人,无论走到哪里,都会被人尊敬被人喜爱。

三、重视幽默带来的欢笑,因为它也能带来健康

荀子说:"乐易者常寿长,忧险者常夭折。"喜欢笑的人,容易长寿,而那些经常悲伤的人,容易生病夭亡。林黛玉就是很好的例子,纵然才华斐然,纵然貌若天仙,仍是因为总是怀着忧愁,疾病缠身。历史上也有许多名人的死亡,都是和过度忧虑和伤心有关。而那些总是笑呵呵很幽默的人,几乎都是长寿。笑的好处有很多,能够促进消化,能够调节血压,还能够促进肺部呼吸,促进血液循环,更能够放松心情,减轻压力。所以,首先重视起幽默和欢笑的重要作用,再把幽默和欢笑随身携带,健康也就轻而易举地得到了。

经典箴言

大多时候,微笑着说一句话和板着脸说一句话,传达到别人耳朵里和眼睛里的意义是不一样的,有的时候,明明说了一句很善意的话,因为没有微笑,会被误解,有的时候,说了一句伤人的话,因为微笑,被化解。所以,微笑和说话之间也存有密不可分的关系。

第二十章

锐意进取，
把话说好多练习

乔布斯不是PC的发明者，却让人对苹果电脑爱不释手；乔布斯也没有发明MP3，却让iPod风靡全世界；乔布斯之前不做手机，但做了iPhone之后就成为全世界的追捧。这就是创新，这就是做到最好。我们说话也一样，要说，就说到点子上；要说，就说到最好。说好了话，我们就能成就最好的人生。

烧香看神，说话看人

开篇叙话

俗话说："烧香不对得罪神，说话不对得罪人。"说话这门处世艺术，难在看清火候，拿捏得当，对什么人说什么话，看准时机，把握轻重，知进知退。能做到这些，就能在社会上站稳立足。

而这其中，我们必须学习的最基础的课程，就是"烧香看神，说话看人"。大千世界，形形色色，我们每天接触到的人各不相同。性别、年龄、层次、职业等皆不相同。我们不能对小孩子说成人之间的话，也不能同领导说家常，更不能和快递员聊教学中的数理方程。

想要说对话，首要就要判断好我们应该说什么话能够吸引对方，能够说服对方，能够接近对方。比如和小孩子，我们就谈论一下糖果和冰淇淋，哪个口味更好吃；和领导，就简短的谈谈对专业或工作内容上的看法心得；和快递员就聊聊目前的快递订单是不是有点多。

"烧香看神，说话看人"的说话方法，是快速接近他人的一条捷径，学会了，就可以进军交际高手的行列。

情景再现

故事一：

林岚学历比较高，毕业以后，在自己的家乡上海找了一份让人称美的工作，薪水高，发展前景也好。然而林岚却有一个说话不看对象的缺点。

一次，林岚和同事李丹一起吃饭，席间说到上海的交通和住房问题，在上海土生土长的林岚顺口就发表意见："上海外地人实在是太

多了,大学生一毕业全都挤破头皮的想留下来,民工也都往这挤,真应该想想办法严格控制一下外地人口,二三流大学的毕业生,就别随随便便留下来了。"

李丹就是大学毕业后从外地到上海来发展的,听了以后,心里就像被扎进了一根刺,不舒服极了。于是,李丹回到公司,把林岚的话说给单位里其他外地的同事。一时之间,大家暗地里都把矛头指向了林岚,觉得她太过狂妄。

此后在工作上,遇到林岚分管的部分时,若林岚管得严格一点,就成了一种她要整治外地人的变相管理。然而有口无心的林岚却毫无知觉自己到底哪里得罪了一众同事,殊不知全因她的无心之言,伤了同事之间的感情。

故事二：

埃德蒙竞选议员之时，曾发表了一段精彩的演说。在演说中，他这样开头："今天我站在这里，内心其实是忐忑不安的，因为在座的每一个人都是专家，而我今天站在诸位面前，无疑是班门弄斧。虽然，我说得越多，将越多的暴露我的无知。但我还是鼓起勇气，站到这里。另外，这是一个早会，而早晨是我们警觉性最差的时刻，如果我因此而失败，后果我将无法预想。"

埃德蒙把自己的姿态放得很低，把听众的地位又抬得很高，首先表示出了他对听众的尊重，又表现出了自己的修养。同时，把自己隐隐的担忧以示弱的方式表达出来，还能赢得听众们的好感和同情。所以，这次早会的成功，一开头就已经注定了。

义理解析

口无遮拦的林岚，在发表意见的时候，没有考虑到对方的身份，对方的心理感受，在无意之中得罪了同事。职场中，同事之间的关系很复杂，容易结成联盟，也容易变成敌人。林岚无疑是把自己本地人的身份成为了外地人的敌对对象。而这一切，都是因为自己的有口无心所造成的。

埃德蒙想把听众变成自己的同盟，就适时示弱，抬高对方，言外之意是在座的大家，每个人都比他强。给人以谦虚谨慎的印象，很容易获得大家的支持和好感。

百分之八十得罪人的场合，都是因为一张嘴。若只图自己说话痛快，不顾别人心里感受，口无遮拦，出言不逊，不仅得罪了人，也树了敌。职场做事不顺利，就该反省一下，是不是自己在不知不觉中得罪了人。如果长时间的口无遮拦，早晚会成为被孤立的对象，事事难成。

出谋划策

烧香看神，道理简单，我们要办什么事，面对什么人，就要考虑到对方的感受。说到对方心里，说对了话，才能办成事，才能不得罪人。

一、把握住人的思想动态和思维方式，就能够掌握说话的技巧

布什说："我们准备杀掉4百万伊拉克人和1个修自行车的。"CNN记者："1个修自行车的？！为什么要杀死1个修自行车的？"布什转身，拍拍鲍威尔的肩膀得意洋洋的说："看吧，我都说没有人会关心那4百万伊拉克人。"这就是公众，他们只关心奇怪的个案。所以，如果我们能够抓住对方的思想动态和思维方式，那么掌控对话的局面就易如反掌了。

二、面对不同的人，要用不同的态度

有一个白宫的临时工，带着孩子一起来到白宫。这个孩子见到奥巴马之后，告诉奥巴马，他也剪了"奥巴马头"，能不能让他摸摸看，看他俩的头型一不一样。奥巴马亲切地低下头给孩子摸，还夸了孩子的发型。面对不同的人，表现出不同的态度。作为总统，如果在面对孩子时也拿出总统的严肃来，只能说这个总统情商不够高。而奥巴马却表现出了极大的修养。

三、别只顾自己聊天尽兴，不顾说话的后果

一次宴会上，一个人和坐在旁边的女士聊得很尽兴，这时，这个人对邻座的人说："我告诉你一件事，你可别告诉别人啊。"于是开始讲起自己领导的一些糗事、秘密事，还表现出对自己领导的行为表示十分不满。宴会结束到，这个人觉得和邻座的聊得很投缘，这才想起来问其姓名。"还没有请教贵姓。"他问女士。"我正是你说的那位领导的太太。"这个人顿时窘住了，场面非常尴尬。所以，说话别只顾自己开心，想想后果更重要。

对于不同性格的人要说不同的话

开篇叙话

培根说:"说话周到比雄辩好,措辞适当比恭维好。"所以,在说话的技巧当中,周到的表达,适当的措辞,才是第一位。

但怎样才能够表达周到、措辞适当呢?这就要根据说话的对象来具体辨析了。为什么要看对象呢?因为,每一个人的性格都不尽相同,每个人的想法也都不尽相同。同样的话,你对此人说,会产生好的效果,但对彼人说,却未必能产生出共鸣。

书中说,人的性格大致可分为木性,水性,土性,火性和金性。这五类人的性格各不相同。金命人:讲义气,性急而刚,易受其折;木命人:主慈,心地善良,好施舍,但性格倔强;水命人:主智,聪明而好学,性情急躁;火命人:主礼,接人待客总是彬彬有礼,遇事多以论理,性急而燥;土命人:主信,讲信用,说一不二,说到做到,喜静,不爱动。虽然我们不能够一下子就断定面前的人属于什么命,但几句话就可大致知道性格是外向还是内向。

情景再现

曾有两个盲人靠说书、弹三弦糊口,老者是师父,80多岁;幼者是徒弟,20岁不到。师父已经弹断了999根弦,离1000根弦只差一根了。师父的师父临死的时候对师父说:"我这里有一张能够让你复明的药方，我将它封进你的琴槽中，只有在你弹断了第1000根弦时，你才可以取出药方。但是记住，当你弹断每一根弦时都必须是尽心尽力的。否则，再灵的药方也会失去它所有的功效。"师父当时还是一个20岁的小青年，可如今他已白发苍苍。60年来，他一直遵守规矩，努力地向那复明的梦想奔跑。因为，他知道，那是一张祖传的能够让他复明的秘方。也因为，他的师傅早已了解他的性格，是一个说到做到的人。

突然，一声清脆的响声，师父终于弹断了最后一根琴弦。他直奔城中的药铺，当他用充满虔诚、满怀期待地表情取草药时，掌柜的告诉他："那是一张白纸。"他的头嗡地响了一下，但是当他平静下来之后，他明白了一切：原来师父欺骗他说弹断1000根琴弦，就能得到那复明的药方，只是真诚、善意的谎言，自己就是靠着这善意的谎言才有了生存的勇气。然后，他非常坚定地回到了家，并郑重其事地对小徒弟说："我这里有一个复明的药方，我将它封入你的琴槽，当你弹断第1500根琴弦的时候，你才能去打开它，记住，必须用心去弹，师父将这个数错记为1000根了"。

小徒弟虔诚地承诺着，他也和他的师父一样，是一个说到做到的人，也愿意活在这个善意的谎言里。

义理解析

很显然，师父知道徒弟是个土性人，主信，讲信用，说一不二，说到做到。而师父又为了能够让徒弟树立起信念好好生活，于是用这样善意的谎言，给了盲人以希望。而盲人也想用此法来让他自己的徒弟树立起生活的信念，又用善意的谎言欺骗了徒弟。这是一颗希望的种子，引发人们去追求生命当中的真善美。

生活中，我们根据不同的性格，用不同的方式说话，会更有效果。相反，如果不顾及对方的性格，只顾用自己的方式，一是有可能伤害到对方的自尊，触碰到对方的底线；二是容易将一件事搞复杂化，使我们陷入被动的僵局。

比如面对火命人，遇事急躁，喜欢争辩，这时你就该随方就圆，不能正面和他争辩，因为争辩大部分时候很容易起冲突。用机智的语言和技巧去沟通，比正面理论获得的成功几率要大很多。

出谋划策

根据不同的性格，说不同的话并不难。我们只需在和对方交往的时候，多多观察一下对方的性格就可以了。

一、从对方的口头禅了解对方的性格

几乎所有人都有自己的口头禅。比如性格急躁的人，往往口头禅是"坏了""不妙"，然后急急忙忙想起一件要做的事情来；重义气的人说话的时候可能就爱说："说真的""老实说"；保守的人一般都会说："听说""某某讲"这样保底的话。面对急躁的人，与他说话要尽量抬高他，不可贬低；对于保守的人，要尽量多关怀，从他的兴趣处入手，引导他多多讲出自己，以此类推。

二、多看书和电影，在书和电影中了解人性

人性和性格息息相关。在人的性格里，更多的流露出的是人的本性。我们只有了解了人的本性，才能够发自内心的去理解对方所思所想，从而能够真诚的说出对方想听的话。比如在《沉默的羔羊》中，虽然汉尼拔是个作恶多端的罪犯，但是不得不承认，他是个说话上的天才，任何和他说过话的人，基本上都会被他所掌控。这就是因为，他充分了解人性，懂得不同性格的人要说不同的话。

熟人讲话更要讲究分寸

开篇叙话

"熟人社会"是一个根据社会现象而产生的新名字。"熟人社会"一般是指人与人之间的一种私人关系。人们往往通过这种私人关系联系起来，构成一张张关系网。背景和关系是熟人社会的典型话语。中国人有"熟人好办事"的说法，说的正是"熟人社会"的特点。

我国的传统文化里，一向是礼大于法，是典型的"人情社会"，也一向是认为内外有别。对自己人"关起门来谈话"，可以无话不谈，甚至可以说些放肆的话，什么事都好办。而对外边的人，不熟的人，总怀有戒心，"逢人只说三分话，未可全抛一片心"。这其中有一定的道理，因为熟人彼此了解，你不会奸我不会诈。而面对外人时，总会觉得人心隔肚皮，心里没底。因此，遵循内外有别的界限谈话，是普遍真理。

但是，熟人我们就可以什么话都说，什么话都讲吗？熟人之间说话就不用讲究礼仪，不用在乎分寸吗？熟人就不会伤心不会难过不会因为口无遮拦而心生猜忌和矛盾吗？答案是否定的。

其实，越是熟人，我们越应该维系好互相之间长久以来建立好的关系。毕竟由谈话产生了矛盾，熟人再变成陌生人的过程，任何人都不想面对。所以，熟人之间说话更要讲究分寸。

情景再现

故事一：

几年前，张先生和自己的妻子在家具城购买家具，巧遇其多年不见的老同学，几句寒暄之后，大家互留了电话号码。此后，这位老同学多次邀请他们夫妻二人来家中做客吃饭。

此事之后，张先生婉言告诉妻子，要提防点这个有点热情过度的老同学。不料，妻子一脸不快，说张先生生性多疑，什么都怀疑。同学难得相见，知根知底，又不是陌生人，有什么可提防。张先生辩解，熟人之间见面礼节，人之常情，如超过寻常热度，要么有事相求，要么推销产品或者保险。妻子不以为然。

之后，老同学频频电邀吃饭，张先生妻子盛情难却，欣然赴约。结果，这个老同学把张先生的妻子带到某保险公司，介绍了一大堆保险的品种、好处及重要性。因之前张先生对妻子明确的说过保险有几份重要的就够，其他都不需要，所以妻子清醒地婉拒了一切。

接着，老同学又热情介绍张先生的妻子加入保险推销队伍，说自己月薪过万，只要发展发展，张先生的妻子两个月后也可以月薪过万。见张先生的妻子无动于衷，老同学又说帮忙填张表，她多发展业务员就可提拔经理之类的话。张先生的妻子以回去考虑后再说为由又谢绝好意。在这之后，这个老同学一个电话都没有再打过，就好像两个人的"久别重逢"是一场梦一样，没有真实存在过。

故事二：

男孩和女孩在同一座城市的两个学校读书。这次正碰上期末考试，两人都在紧张地准备。一天，女孩给男孩打电话说道："我的《大学英语考试指南》急用，你送过来好吗？"

狡猾的男孩装作病恹恹地说："我也想给你送过去，可是我生病了，还病得不轻啊。"女孩一听就紧张起来："你怎么了？要不要紧？""唉，我得了一种很严重的病，叫相思病。"女孩在那边眼泪在眼眶里打起了转，有一点点生气，但更多的是激动。从此，两人的感情更好了。

义理解析

老同学利用是同学，是熟人的关系，却做着为自己利益而竭尽全力去拉拢人套近乎的勾当，很容易就会让人感到反感。因为不是出自内心的真诚，不是真正的想与人建立起良好的关系，只为纯粹的利益。

如果大家正常往来，熟人知道你是做保险的，当家中有需要投保险的时候去找你，你再全力的帮忙，这是熟人之间的互惠互利，可以互相愉悦。可熟人之间的强买强卖，估计谁都受不了，只会让自己走进一个死胡同。

男孩和女孩之间的对话，虽然关系亲密，好多时候已经不用太客套。可是，男孩偶然一句甜言蜜语，还是会使两个人之间的亲密关系再牢固一下，也能够让女孩感受到浓浓的爱意，何乐不为呢？

有时候，熟人之间，我们觉得好多话放在心里就不用说出口了，对方能懂。但时间久了，关系也会疏远，感情也会变淡。所以，熟人之间，也要靠一定的说话技巧来经营好关系。

出谋划策

熟人之间的谈话，往往会随意很多，很多话不经思考就说出口，很多重要的表达感谢的话却直接省略，都是熟人之间相处的大忌。

一、熟人之间也要学会运用礼貌用语，"谢谢"和"对不起"不可省略

有人说："礼仪是陌生人之间的润滑剂，是熟人之间的奢侈品。"这说明，在熟人之间，我们总是很少运用礼仪，礼貌用语也经常性的省略。比如在家中，我们往往不会和我们的父母、子女说"谢谢"和"对不起"。殊不知，这样也会伤害家人的心。对方做出了付出，你没有一句"谢谢"，会让对方心寒；你做了错事，没有一句"对不起"，会让人觉得你理直气壮，这样都会造成矛盾和隔阂。所

以，熟人之间也该注重礼仪和礼貌用语。

二、把对陌生人的态度用给熟人，好感度会增倍

我们遇到陌生人，会自然而然的说话客气礼貌，注重礼节，注意给人留下好的印象，注意措辞和语气，也注意说话时的表情。如果我们能把这些注意事项也运用到和熟人之间的说话方式上来，那么你就可以成为一个真正的有修养有家教的人，也一定会深受大家欢迎。毕竟，无论是谁，都喜欢和有修养的人交往和接触。所以，人际关系中，把对陌生人的态度用给熟人，好感度一定会倍增。

三、不要利用熟人之间的信用度，为了利益而不择手段

有时候，越是熟人越是容易被下手，我们大概都有这种经历。保险最先拓展开的业务就是熟人，产品的推销最先下手的也是熟人。这样的做法，其实就是在损耗熟人之间的信用度，利用对方不忍心损害情面、撕破脸皮，为自己获取利益。这样的做法，很难让人接受和喜欢，会把自己的路走得越来越窄，最后连熟人的圈子也在缩小。所以，千万别损害熟人间的信用度。

经典箴言

亘古不变的俗语说得好："如果你不去做足功课和准备，那就要做好失败的准备"。我想，你无法想象英国皇家话剧团，若不看剧本不背台词，就上台演出莎士比亚的话剧，是何场景。你也无法想象，参加竞标的公司在不准备齐全资料时，如何谈赢一笔生意。所以，把话说好，并非心血来潮，一日两日。把话说好，需多练习。

参考书目

1、刘津. 妙语改变一生. 北京：中国发展出版社，2004年.

2、翟杰. 口才是练出来的. 北京：新华出版社，2006年.

3、柯维. 赢在好口才. 北京：台海出版社，2006年.

4、于向勇. 交际与口才全集. 北京：当代世界出版社，2009年.

5、田伟. 口才赢就一生全集. 北京：北方文艺出版社，2006年.

6、汤姆林. 说的就是好听：百战不殆的口才术. 北京：中国劳动社会保障出版社，2004年.

7、林伟贤. 魅力口才. 合肥：安徽教育出版社，2007年.

8、方军. 别让社交毁了你（社交的高手才能成为做人做事的赢家）. 北京：中国华侨出版社，2008年.

9、赵月华. 把话说到心坎上：直击人心的说话方法与艺术. 北京：九州出版社，2009年.

10、潇湘子. 说一口别人爱听的话. 北京：中国华侨出版社，2009年.